Franz Spychala

Auf dem Weg zum …

SOZIALISMUS – KAPITALISMUS

Ein Erlebnisroman

SPICA
VERLAG GMBH

www.spica-verlag.de

© Spica Verlag GmbH
1. Auflage, 2022

Alle Rechte vorbehalten. Das Werk darf – auch teilweise –
nur mit Genehmigung des Verlages wiedergegeben werden.
Coverbildung: Stock-Fotografie-ID: 182349934

Autor: Franz Spychala
Für den Inhalt des Werkes zeichnet der Autor selbst verantwortlich.
Die Handlung und die handelnden Personen sind frei erfunden.
Ähnlichkeiten mit lebenden Personen wären zufällig und unbeabsichtigt.

Gesamtherstellung: Spica Verlag GmbH

Printed in Europe
ISBN 978-3-98503-117-7

Für meine Familie, die stets an meiner Seite stand.

Inhalt

Ein Vorwort 9

Kapitel 1 11
Ein Neuanfang

Kapitel 2 23
Es bleibt nicht alles beim Alten

Kapitel 3 40
Ein Problem mit der Volksmarine

Kapitel 4 57
Der Sozialismus sucht weitere Auswege

Kapitel 5 62
Der Schiffbau soll helfen, richtig zu regieren

Kapitel 6 75
Auch im Westen kocht man nur mit Wasser,
und unser Rezept taugt ebenfalls nichts

Kapitel 7 89
Feuer im Schiff und neue Kraftstoffe

Kapitel 8 97
Den Großen zum Laufen zu bringen

Kapitel 9 107
Neue Welten

Kapitel 10 123
Klar zur Wende?

Ein Vorwort

für diejenigen, die in einem anderen gesellschaftlichen System lebten, und für jene, die später geboren wurden, für beide, die so etwas nicht erlebt haben.

Dr.-Ing. Frank Grohmann kam zu dem Schluss: Wenn ich jetzt nicht erzähle, wann dann?

Dankbarkeit über Förderungen durch Stipendien in den Zeiten der Oberschule und des Studiums, ohne die seine Ausbildung nicht möglich gewesen wäre. Aber den erzwungenen Masseneintritt in die Organisation der Jugendorganisation Freie Deutsche Jugend FDJ vergaß er auch nicht.

Er erlebte in der Schule, im Studium und in der ersten Anstellung das Wirken der Herren Lehrer, Professoren und Abteilungsleiter aus bürgerlichem Herkommen und in loyaler Haltung zum neuen Staat und den radikalen Wechsel zu den Genossen auf allen Ebenen in den sechziger Jahren. Es waren das Neue Ökonomische System der Planung und Leitung, Prognose und Kybernetik durchzusetzen, die Losung: *Überholen ohne einzuholen* zu befolgen und der These: *Wissenschaft ist Produktivkraft* zu entsprechen. Es war kein Wunder, dass Grohmann dabei der Werbung für die Partei erlag. Und so kam er bald in Leitungskreise, bekam mehr Verantwortung übertragen. Er wurde auf die Parteischule geschickt und kam völlig illusionslos zurück, anstelle erhoffter freier Diskussionen erlebte er erstarrte und verkrustete Strukturen, stures Auswendiglernen, Wort- und Buchstabenklauberei. Für ihn war die Partei ideologisch tot.

Wieder im Betrieb kam er in den Strudel eines umfangreichen Qualitätseinbruches eines Haupterzeugnisses in laufender Serie, bei dem alle Fehler der Vergangenheit zu Tage traten. Diese Arbeit ohne zeitliche Begrenzungen, mit zahllosen Erprobungen, Befundungen, Diskussionen und Besprechungen, Rapporten und Berichterstattungen liefen über zwei Jahre.

Als alles geschafft war, fühlte er sich ausgebrannt und leer, dazu beobachtet. Die Staatssicherheit hatte bereits zum Beginn seines Parteischulbesuches einen Vorgang über ihn eröffnet, eine Operative Personen-Kontrolle OPK mit dem Decknamen „Doktor", der insgesamt über fünf Jahre lief und an dem im Laufe der Zeit bis zu dreißig IMs angesetzt waren. Natürlich streng geheim und ohne sein Wissen, aber er spürte es. Denn wenn jemand mit einem Kollegen normal verkehrt, besteht eine andere psychologische Situation, als wenn ein IM einen „Feind aufklärt", obwohl er täglich mit ihm Umgang hat.

Aus dieser Situation wollte Grohmann heraus, es bot sich nur das Institut für Schiffbau auf Hinweis der Kaderchefin des Betriebes an.

Kapitel 1

Ein Neuanfang

Am 02. Januar 1978, dem ersten Arbeitstag des Jahres, an einem dunklen, windigen, milden, feuchten Montag stolperte Frank Grohmann über die holprigen und schwach beleuchteten Fußwege von der Südstadt, vorbei an den dunklen Gebäuden der Sektion Schiffstechnik über den Platz an der Tweel, vorbei an der Sowjetischen Militärkommandantur in der Hundertmännerstraße, über den Saarplatz und durch die Wismarsche Straße bis an die Ecke Feldstraße zum Institut für Schiffbau.

Zweifelhafte Gefühle erfüllten ihn. Im Betrieb in verantwortlicher Position, aber mit Partei und Regierung überworfen (und, was er nicht wissen konnte, vom MfS mit dem Stempel Operative Personen-Kontrolle OPK versehen) und vom Betriebsdirektor als „für den Betrieb überqualifiziert" bezeichnet – auch eine Form eines qualifizierten Rausschmisses – war er auf dem Weg zur Arbeit als Mitarbeiter. Er hatte nichts gegen eine Mitarbeitertätigkeit, doch beachtlich war das Ganze schon, hatten doch seine Bemühungen um eine neue Tätigkeit zu nichts geführt, immer wurde, sowohl an der Universität als auch im Kombinat Seeverkehr und Hafenwirtschaft, Interesse gezeigt, und immer war nach wenigen Tagen, nach Nachfragen kein Gesprächspartner mehr bereit, mit ihm zu reden. Doch ausgerechnet ein Hinweis der Kaderabteilung auf das Institut für Schiffbau, die Institution des Wissenschaftlichen Zentrums des Schiffbaus, war doch erstaunlich. Waren die Zuständigen in dieser Institution besonders naiv oder waren sie besonders durch hohen Besatz an Sicherheitskräften kontrollfähig?

Doch wie auch immer: Es war ihm egal, Hauptsache war, er hatte wieder eine Ingenieurtätigkeit, eine möglichst qualifizierte. Und in seinem Aufhebungsvertrag hatten er und der Betrieb vereinbart, dass „Genosse Dr. Grohmann und der VEB Dieselmotorenwerk Rostock das Arbeitsverhältnis in beidseitiger Übereinstimmung" auflösen, unterschrieben hatte natürlich ein Stellvertreter des Betriebsdirektors. Das war die Vergangenheit.

Als Zukunft erwartete ihn eine Stelle im Bereich Schiffsfestigkeit, ein ihm völlig neues und fachlich fremdes Arbeitsgebiet. Doch was blieb ihm übrig, wollte er nicht auf der Straße stehen? Erst einmal annehmen, dann sehen, was kommt.

Im Foyer des Gebäudes zog der Schwarm der zur Arbeit ankommenden Frauen und Männer an ihm vorbei. Einige kannte er, vom Studium her, oder es waren ehemalige Kollegen, die mit ihm Assistenten an der Fakultät der Uni waren, auch ehemalige Studenten oder Partner aus der Zeit im DMR. Einige grüßten. Aber auch ältere Kollegen traf er, solche, die auch schon höhere Positionen in Betrieben besetzt hatten, so wie er auch. Also doch „Heldenfriedhof", wie Spötter meinten? Ach ja, Bürokratensilo war auch solch eine Bezeichnung für diese Einrichtung, fiel ihm dabei ein. Nun sollte er auch dazu gehören. Aber was soll es – er musste und wollte hier tätig werden, hier sein Geld verdienen, da störten derartige Äußerungen erst einmal nicht.

Im Vorzimmer des Direktors kam die große und stämmige Sekretärin Dörte Winkelmann auf ihn zu. Der Chef sei noch nicht da, frühestens am Nachmittag. Und sie rief Dr. Horst Marx, seinen künftigen Abteilungsleiter an. Der ließ ihn in sein Büro abholen. „Und nun Schiffsfestigkeit?", war seine Frage. Sie kannten sich von der

Fakultät her, fachlich hatten sie keine Verbindung gehabt. Grohmann zuckte mit den Schultern.

„Du weißt ja, in der Not frisst der Teufel Fliegen" – sein Gesprächspartner schaute nicht sehr freundlich ob dieser Bemerkung.

In seinem künftigen Arbeitsraum unterm Dach, mit schrägen Wänden und Balken, die farblich hübsch gestaltet waren und auch als Ablage dienten, fielen die kleinen Fenster auf. Zusätzlich fiel Licht direkt von oben durch einen Schacht in den Raum. Fünf Schreibtische waren angeordnet, vier davon offenbar besetzt.

„Guten Morgen", so Marx, „und hier ist der Neue."

Ein kurzes Vorstellen folgte. Dr. Erika Strahl, Kommilitonin aus der Fachrichtung Schiffbau zu seiner Zeit kannte er. Dazu kamen die zwei jüngere Kollegen Rohr und Wirtz, eine junge Frau als Hilfskraft vervollständigte die Gruppe. Sie wussten offenbar von seinem Kommen, dann saß er auf dem freien Platz.

Berge von Papier türmten sich auf den Tischen der Kollegen, auch andere Ablagen waren damit voll belegt: Zeichnungen, Schemata, Lochkarten, EDV-Ausdrucke, Notizblätter deckten alles zu. Lebhaftes Diskutieren, Hin- und Hergelaufe und Gestikulieren beschäftigten die Anwesenden, denn auch die Wände waren mit großen Blättern bedeckt. Er saß da und schaute sich alles an.

Irgendwann war man offenbar zu einem Entschluss gekommen. Zwei Kollegen packten Papier zusammen, neue Lochkarten mussten hergestellt und dann beim Rechner, das bedeutete beim elektronischen Großrechner, abgegeben werden. Später mussten die Stapel von Ausdrucken wieder abgeholt, die Ergebnisse wieder diskutiert werden, und das im täglichen Wechsel.

Kollege Wirtz setzte sich zu ihm und schaute fragend. Grohmann schüttelte leicht den Kopf. Ein Fachbuch, ein

Handbuch zum Rechnerbetrieb und ein Stapel Kopien der laufenden Aufgaben schob Wirtz ihm zu, „zum Einlesen".

Einschließlich der Studienzeit im Fachstudium war er zwanzig Jahre lang auf dem Gebiet der Dieselmotorentechnik tätig, einschließlich Diplomarbeit, Promotion und Leitungstätigkeit im Betrieb. Wer konnte es eigentlich verantworten, diese Kenntnisse brachliegen zu lassen? Er selbst hatte im Moment keine andere Chance. Er meldete sich im Raum ab „zur Erledigung einer persönlichen Angelegenheit" und ging spazieren. Nach einem Rundgang über den Doberaner Platz, über den Brink und den Barnstorfer Weg kam er zurück und betrat die technische Fachbibliothek im Erdgeschoss des Instituts, Lesen soll beruhigen.

„Guten Tag, ich bin der Neue."

„Guten Tag, wir haben schon davon gehört, herzlich willkommen."

„Danke, ich schaue mich ein wenig um."

Er suchte sich einen Stapel mit Heften der Fachliteratur zusammen und setzte sich an einen Leseplatz. Sitzen und nachdenken. Hier wollte offenbar keiner etwas von ihm.

Zu Hause antwortete er auf die Frage nach dem ersten Arbeitstag nur mit einem Abwinken.

Am nächsten Tag das gleiche Spiel – dasitzen und auf Zahlenkolonnen schauen. Wieder Bibliothek, Fachliteratur, dann bekam er ein Blatt mit der Organisationsstruktur des Hauses in die Hand, und das Telefonbuch lag auch dabei. Richtig, wie die Organisation hier eigentlich aufgebaut ist, das könnte man sich auch ansehen. Und siehe da, eine Abteilung Maschinenbau gab es auch, und nach dem Verzeichnis zu urteilen waren dort Kollegen tätig, die er auch von früher kannte. Dann mal auf zu einem Besuch, denn die Themen Arbeiten von Maschinenbauern im Institut waren allgemein nicht bekannt.

Und die Arbeiten kenn zu lernen, das war in seiner Situation schon wichtig, um eventuell aus der Rechnerei herauszukommen.

Das Hallo war groß, als er in einem der Räume der Maschinenbauer eintrat. Einige hatten ihn am Morgen gesehen, andere hatten von ihm gehört. Und sie wollten wissen warum, wieso, weshalb nicht mehr DMR und nun bei den Rechnern? Gegenfrage: Was macht ihr denn hier? „Wir erfinden das Fahrrad neu", tönte es aus dem Kreis. Das war natürlich nicht wörtlich zu nehmen, aber sie hatten Erzeugnisse zu entwickeln und deren Bau zu organisieren, die für den Schiffbau wichtig waren und in der DDR bzw. im RGW niemand herstellte und die folglich Importe aus dem kapitalistischen Ausland sein würden. Um diese Importe abzulösen, oder besser zu vermeiden, wurden sie nachentwickelt, zwar nicht erfunden, aber nachgebaut.

Hier handelte es sich speziell um Anlagen des Umweltschutzes, also um Abwasserbehandlungsanlagen und um Abfallverbrennungsanlagen, und zwar in verschiedenen Baugrößen, wie sie je nach Schiffsgröße und Besatzungsstärke der Schiffe gebraucht wurden.

Fäkalien und Altpapier – das waren ja nun Gebiete, nach denen er sich auch nicht gerade sehnte.

„Und eine Stelle haben wir auch nicht frei", war die Antwort auf eine nur schwach fragende Andeutung, ob vielleicht?

Die Tage gingen so dahin, er hatte Horst Marx seine Bedenken mitgeteilt. Der verwies nur darauf, dass er ihm zugeteilt worden wäre, „es wird sich finden".

Grohmann war wieder mal bei den Umweltleuten, zum Quatschen, damit er überhaupt mit jemandem reden konnte. Da stürzte Werner Schuricke, der Leiter der

Umwelttruppe, also der Leiter der Abteilung Maschinenbau, in den Raum und bellte los:

„Wo ist endlich das Gutachten über das neue Projekt der Mathias-Thesen-Werft? Die Projektverteidigung steht vor der Tür und ausgerechnet unser Gutachten über den Maschinenteil fehlt wieder mal! Bis morgen Mittag, dann habe ich das Material auf meinem Schreibtisch, oder es passiert was!" – Rumms, Tür zu.

Die Kollegen erklärten ihm, dass solche Gutachten zu erarbeiten seien, doch der Termindruck bei den Umweltanlagen oft dazu führte, dass der Kollege, der sich für die Erarbeitung der Gutachten bereit erklärt habe, dann Probleme bekomme, manchmal würden sie die Gutachten einfach vergessen, übersehen. Und nun wäre nichts fertig, besser: noch gar nicht angefangen, und der dafür zuständige Kollege sei heute auch nicht da, hatte sich frei genommen.

Das war doch eine Chance für ihn, so fuhr es Grohmann durch den Kopf. Er hatte in den letzten Wochen im Betrieb DMR zwischen dem Ausräumen seines Schreibtisches als Leiter und dem eigentlichen Abschied zum Jahresende keine festen Aufgaben zu erledigen, er suchte sich einen stillen Arbeitsplatz und hätte aus dem Fenster schauen können. Doch er hatte sich mit Fragen nach einigen nicht restlos aufgeklärten früheren Motorenschäden und dem Zusammenwirken von Motor, Propeller und Schiff befasst und begonnen, eine zusammenfassende Ausarbeitung darüber zu verfassen. Und da im Betrieb niemand Interesse an dieser Ausarbeitung hatte, packte er sie mit in seine persönlichen Unterlagen ein und nahm diese Arbeit einfach mit. Diese Erkenntnisse konnte man hier nun im Gutachten mit verwenden.

„Wenn ihr wollt, dann mache ich mich über das Gutachten her", sagte er. Mit Freude übergaben sie ihm die

Unterlagen, auch ein früheres Gutachten zum Vergleich. Er zog sich auf seinen Arbeitsplatz bei den Rechnern zurück, er hatte eine Aufgabe. Die Vergleichsausarbeitung legte er nach kurzer Einsicht beiseite. Der Verfasser hatte lediglich nachgerechnet, ob die Größe der Kraftstofftanks den Anforderungen hinsichtlich der Aktionsweite des Schiffsprojekts entsprach. Das genügte doch nicht für ein Projektgutachten.

Er brachte seine Überlegungen über Motorenkennfelder und Propellerkennlinien mit ein. Das wurde sehr gut aufgenommen und die Meinung geäußert, derart fachlich fundierte Stellungnahmen künftig weiterhin zu erhalten, sei wünschenswert.

Nach einigen Absprachen war sein Wechsel in die Abteilung Maschinenbau perfekt. Er konnte seine begonnenen Ausarbeitungen zum Problemkreis Zusammenwirken von Motor und Propeller als Einzelkämpfer fortführen. Die bis dahin gewonnenen Ergebnisse trug er auch vor dem Leitungskreis des Instituts vor. Er wurde zur jährlichen Tagung der Direktoren für Erzeugnis-Entwicklung im Rahmen der VVB eingeladen, darüber einen Vortrag zu halten, der mit Interesse aufgenommen wurde.

Die nächste Aufgabe ergab sich aus dem Auftrag an das Institut, ein Projekt eines Eisenbahnfährschiffes für das Fährschiffsamt Saßnitz der Deutschen Reichsbahn zu erarbeiten. Grohmann übernahm das Maschinenprojekt. Und es gab die erste Konfrontation mit alteingesessenen Vertretern im Hause.

Die Zusammenfassung der Projektzuarbeiten hatte der Abteilungsleiter Schiffbau, der ältere Kollege Herbert Lenz, übernommen. Lenz war vor einigen Jahren Technischer Direktor eines Betriebes gewesen und pflegte seinen Leitungsstil auch jetzt weiter, mehr auf Auseinandersetzung als auf kollegiales Miteinander eingestellt. Und nun kam solch ein Neuer und hatte bald eine Position mit eigenem Bearbeitungsgebiet und riskierte auch bald eine kesse Lippe?

In der Aussprache zum Fährschiff hielt Lenz die Zuarbeit Grohmanns in die Höhe und zeigte demonstrativ die Blätter voller roter Beschriftung als Beweis einer Zuarbeit, wie sie nach seiner Meinung nicht zulässig sei. Grohmann schnappte sich seine Blätter und überflog den Inhalt. Rotstift über Rotstift, aber nicht zum Inhalt, dafür Bemerkungen, wie Text, Ausdruck, Darstellung, Anordnung usw.

„Auf diesen groben Klotz gehört ein grober Keil", das war sein Gedanke. Ohne Zurückweisung dieser angeblichen Korrekturen wäre seine Position in diesem Kreis und damit im gesamten Haus für immer ramponiert gewesen. Und er begann leise, aber deutlich zu sprechen:

„Über alle meine Ausbildungsstufen hinweg, von der Schule über das Studium bis zur Assistenz und Promotion an der Uni habe ich viele schriftliche Ausarbeitungen vorlegen müssen", er wurde lauter, „aber niemals habe ich einen solchen Bogen voller rot angestrichener Bemerkungen zurückerhalten", und er setzte laut fort, „und deshalb akzeptiere ich solches Verfahren nicht, auch von dir nicht, Genosse Lenz; hier ist nichts Inhaltliches angemerkt, nur formaler Kram", und etwas leiser, „wenn etwas zu bemerken ist, dann kann man darüber reden, aber nicht im Stil eines Oberlehrers verfahren", und er schob die Blätter zurück.

Gert Diller als Leiter der Aktion beruhigte und besänftigte: „Also klärt das unter euch, inhaltlich ist alles klar."

Stumm gingen Grohmann und Lenz beim Verlassen des Raumes aneinander vorbei. Das Arbeitsverhältnis zwischen beiden normalisierte sich mit der Zeit, doch wirkliche Kollegen wurden sie nicht.

Diese Auseinandersetzung war bald Gesprächsstoff im Hause, nicht zu Ungunsten von Grohmann. Ach ja, da war ja auch noch die Partei, in einer Gruppe saßen die beiden zusammen bei Veranstaltungen, und so mancher der Beteiligten fragte sich, hat denn nicht der Parteisekretär in diese Konfrontation zweier Genossen vermittelnd eingegriffen?

Dieser Parteisekretär war dazu überhaupt nicht geeignet. Seinen Ruf hatte er auf fachlichem Gebiet selbst derart demontiert, so dass er kaum ernst genommen wurde. Ursprünglich war er Bootsbauer und im ersten Aufschwung des Kutterbauprogramms in den 50er Jahren Jungaktivist auf einer Bootswerft geworden. Und er wurde als junger Genosse zum Studium auf die SED-Parteihochschule geschickt. Als jemand, der Probleme mit der Grammatik der deutschen Sprache nie beheben konnte, hatte er diese Schule zwar absolviert, aber für eine höhere Parteikarriere reichte es wohl nicht. Und so landete er im Institut für Schiffbau als Beauftragter für, also für irgendwas und als ehrenamtlicher Parteisekretär. Seinen Image-K.o. führte er selbst herbei, als die Mitarbeiter der Abteilung Schiffbau eine fachliche Aussprache über ein Spezialproblem führten und als Beleg dafür ein zufällig im Hafen anwesendes Schiff dieses Typs heranzogen, und er sich in das Gespräch einbrachte mit der Bemerkung: „Ja, dieses große schwarze Schiff habe ich auch gesehen." Das große schwarze Schiff wurde künftig das Synonym für Äußerungen des Genossen Parteisekretär.

Frank Grohmanns Arbeitsgebiet erweiterte sich nochmals, als von der Verwaltung der VVB Schiffbau die Mitteilung kam, dass er die Bearbeitungen aller fachlichen Fragen zum Thema „Dieselmotor KVD 21" und zum Thema „Zusammenarbeit mit dem Kombinat

Schwermaschinenbau Karl Liebknecht (SKL) Magdeburg" wahrzunehmen habe.

Die erste Aufgabe ergab sich aus der real-sozialistischen Regelung, dass der Motor alleiniger Antriebsmotor für alle Diesellokomotiven der Deutschen Reichsbahn war, das produzierende Motorenwerk Johannisthal dem VEB Kühlautomat Berlin zugeordnet wurde und Kühlautomat ein Betrieb der VVB Schiffbau war.

Und SKL Magdeburg war der Produzent und Lieferant aller Viertakt-Motoren für Haupt- und Hilfsantriebe auf Schiffen, Hersteller die Werke in Magdeburg und in Halberstadt. Diese Aufgaben übernahm Grohmann sehr gerne. Er war damit immer tiefer mit seinem Arbeitsgebiet verbunden und baute seine Position weiter aus. Dazu war er immer noch Einzelkämpfer, auf Leitungssitzungen und Personalquerelen konnte er verzichten. Er blühte wieder auf. Spätere Einsichten in Unterlagen des MfS zeigen, dass zwar die OPK inzwischen „ohne Ergebnis" beendet wurde, dafür jedoch eine neue Aktion begonnen wurde, nachdem ein kämpferischer IM seinem Führungsoffizier mitgeteilt hatte, dass „G. nun den gesamten Motorenbau der DDR desorientiert". Auch diese Aktion dauerte ihre Zeit.

Das Jahr 1978 neigte sich seinem Ende zu.

Gerüchte durchschwirrten das Haus, nach denen das Ende der VVB Schiffbau und des eigenständigen Instituts für Schiffbau kommen und dafür das Gebilde „Kombinat Schiffbau" mit einem Direktorat für Erzeugnisentwicklung entstehen würde. Grohmann gab sich gelassen, Strukturen hin oder her, die Aufgaben bleiben, und welcher Rahmen darum gespannt werden sollte, war ihm egal.

In einer Zusammenkunft der Gewerkschaftsgruppe, der er auch angehörte, wurde diskutiert, weniger über das künftige Kombinat, eher darüber, dass im Jahr 1979 das Institut 20 Jahre werden würde, obwohl es dann kein Institut mehr geben sollte. Doch die Mitarbeiter wollten das Jubiläum so oder so festlich begehen. Ein Betriebsfest sollte es geben, in den Räumlichkeiten des „Kaffeestübchen" in der Satower Straße. Und die vier Gewerkschaftsgruppen wollten aus diesem Anlass einen kulturellen Wettstreit ausführen. Jede Gruppe sollte ein Programm aufführen – Rezitation, Theater, Musik, Gesang, Tanz, Zauberei – und jeder konnte mitmachen. Und das Publikum sollte dann einen Sieger küren. Daneben oder danach natürlich ein Essen und allgemeiner Tanz.

„Wir machen eine satirische kabarettähnliche Szene", erklärte Dieter Seibel, der Macher in der Umwelttruppe, Akkordeonspieler und auch sonst sehr aktiv. An seinem Jackett war ein Abzeichen mit Eichenblättern zu sehen, das Abzeichen der National-Demokratischen Partei Deutschlands NDPD.

„Das ist ganz einfach", hatte er Grohmann erklärt, „in die SED will ich nicht, die Diskussionen darüber will ich vermeiden, und so mache ich auf Blockpolitik."

„Also in der Szene kommt ein Meister von einer Besprechung und erklärt nun seinen Kollegen den Übergang von der VVB zum Kombinat, und das mit Musik und Gesang."

Die Musik sollte auf den Schlagern der Saison beruhen, die neuen Texte müssten noch verfasst werden, die Darbietung als Solo, Duett oder im Chor mit Seibel am Akkordeon im Hintergrund als Musiker, Regisseur, Souffleur und Mädchen für alles.

Im Mittelpunkt des Musikalischen sollte der Song von Boney M. stehen: „By the rivers of Babylon ...", eigentlich ein Klagelied, und so sollte auch der aktuelle Text klingen: „Ja, die Zeiten des Instituts sind nun vorbei ..."

Grohmann hörte sich alles an, machte einige Vorschläge zur Gestalt des Meisters: blauer Kittel mit vielen Stiften in der Brusttasche, Schiebermütze aus Leder auf dem Kopf, kariertes Hemd – und bekam diese Rolle zu spielen.

Das Fest wurde ein voller Erfolg, das Kabarett wurde unter großem Jubel der Zuschauer zum Sieger gekürt.

Kapitel 2

Es bleibt nicht alles beim Alten

Mit Beginn 1979 war das Kombinat Schiffbau da und auch sein Stammbetrieb. Aus der früheren Verwaltung der VVB Schiffbau, dem Institut für Schiffbau und dem Ingenieurbüro für technologische Entwicklungen war er gebildet worden, nicht als Produktionsbetrieb, sondern als Betrieb für Forschung, Entwicklung und Rationalisierung.

Neue Strukturen, neue Leiter. Grohmann störte das alles nicht, er hatte sein Arbeitsgebiet. Einen neuen Abteilungsleiter bekam er auch. Der war als ein „Beschleuniger" bekannt, also mehr Funktionär als Fachmann, der mehr von „höher, schneller, weiter" sprach, als etwas Effektives dafür tat, der aber, wie sich später herausstellte, ein fleißiger IM war.

Grohmann hatte ihm gleich zu Beginn erklärt, dass er sich nicht in seine Arbeitsgebiete hineinreden ließe, sein neuer Abteilungsleiter stimmte sofort zu, die Arbeitsgebiete genau festzulegen, und übertrug ihm dazu die fachliche Zuständigkeit für Aufgaben der technischen Vorbereitung im DMR, seinem ehemaligen Betrieb.

Aber auch Klaus Gutzmer kam dazu, ein Ingenieur alter Schule, mit dem er gerne schon früher zu Zeiten des DMR zusammengearbeitet hatte. Er war sich mit ihm bald einig, wie sie beide das Arbeitsgebiet DMR teilten, und diese Absprache hielt bis zum Schluss.

Eines Morgens – Grohmann war immer ein paar Minuten vor seinen Kollegen, von denen die meisten mit der S-Bahn aus den nordwestlichen Gebieten der Stadt kamen, am Arbeitsplatz – kam der erste seiner Kollegen mit dem Ausruf auf ihn zu: „Was will Willert mit dir aufhören?" Und diese Frage hörte er an diesem Tag mindestens zehnmal gestellt. Was war passiert?

Der Genosse Gerhard Willert war der Parteisekretär des Stammbetriebes und somit auch sein oberer Parteisekretär. Aus Gründen seiner Verbundenheit mit den Massen ließ er sich, der er auch im Nordwesten der Stadt wohnte, morgens nicht mit dem Dienstwagen fahren, sondern nutzte ebenfalls die S-Bahn und hielt dann inmitten von Mitarbeitern kurze Reden, führte Gespräche, erzählte dies und das, und das ziemlich laut, damit viele davon hören konnten. Und diesmal hätte er verkündet: Mit dem Grohmann müssen wir wohl aufhören.

Womit müssten sie aufhören, was soll aufhören? Diese Äußerung konnte doch nur das Eingeständnis sein, dass „besondere Organe" etwas gesucht, doch nichts gefunden hatten und dass nun besondere Maßnahmen nicht mehr erforderlich waren. Es war das Eingeständnis, dass sie es selbst waren, die seine Probleme ausgelöst hatten.

Seinen Kollegen konnte er davon nichts erzählen, dafür fehlten eindeutige Belege, dass die Stasi ihn überwachte, so ließ er es bei einem Schulterzucken und „weiß ich auch nicht, muss ich auch klären". Doch einer Kontaktaufnahme ging Willert aus dem Weg, alle Bemühungen Grohmanns um ein Gespräch schlugen fehl, er bekam keinen Termin bei ihm. Der hatte anscheinend erkannt, dass er wohl wieder etwas über das Ziel hinausgeschossen war, er hätte sonst Farbe bekennen müssen. Also ließ Grohmann es dabei und wollte dafür schauen, was die Ankündigung wert sein würde.

Und das zeigte sich bald. Es kam ein neuer E-Direktor, also ein neuer Chef des Hauses. Mehrere Personalumsetzungen folgten. Und der neue Chef rief Grohmann zu sich und bot ihm in einer neuen Hauptabteilung „Technische Vorbereitung" die Leitung einer Abteilung

Maschinenanlagen an. Grohmann sagte freudig zu. Sechs Leute wurden es zunächst in dieser Truppe, wobei es gelang, mit dem dicken Willy Rappel einen Spezialisten für Kraftstoffprobleme aus dem DMR herüberzuziehen.

Das Telefon schrillte in seiner kleinen Dachkammer, die er sich, so gut es ging, als Büro hergerichtet hatte.

„Gebauer hat angerufen, Sie sollen gleich mal zu ihm kommen", sagte seine Sekretärin Elvira, die in einer ähnlichen Kammer neben seiner ihr Domizil hatte,

Wilfried Gebauer, sein neuer HA-Leiter und damit direkter Vorgesetzter, hatte seine Kammer schräg gegenüber, man hätte sich Nachrichten fast zurufen können.

„Hat er gesagt, worum es geht?" – „Nein, hat er nicht."

Ihm fielen seine Terminrückstände bei dessen derzeitigem Lieblingsthema „Leistungseinschätzungen der Mitarbeiter" ein.

Im Vorzimmer saß die schöne Rita, sie zeigte gleich auf die nächste Tür.

„Komm rein, setz dich, Kaffee?" Der Kaffee kam, „und keine Störung", rief er seiner Vorzimmerdame hinterher.

„Du bist säumig, mein Lieber, es fehlen die Leistungseinschätzungen deiner Mitarbeiter, und deine muss ich mit dir durchsprechen."

Dieses leidige Thema, wer benötigt diese Einschätzungen eigentlich? Doch diese Frage brauchte man eigentlich gar nicht zu stellen, die Antwort konnte er sich denken: Entwicklung sozialistischer Persönlichkeiten durch politische, gesellschaftliche und fachliche Weiterbildung, aber auch der Ausweis eines Stillstandes oder gar eines Zurückbleibens waren darzustellen – Jeden mitnehmen, keinen zurücklassen – das waren die Zielstellungen. Und der Text darüber musste zunächst mit jedem Betroffenen im Beisein des Vertreters der Gewerkschaft durchgesprochen werden, seine Stellung im Kollektiv festgestellt und mögliche Verbesserungen aufgezeigt werden. Gesprochen werden musste über den Text so lange, bis die Zustimmung des Kollegen erreicht war.

Diese Auseinandersetzung Leiter v.s. Kollege war das Ziel der Aktion. Die Texte wurden danach aber abgegeben, wer brauchte sie nun? Es war doch auch eine andere Nutzung möglich. Wenn ein Dritter diese Texte zum Lesen bekam, konnte er so einiges erfahren, vor allem, wenn er die Texte einiger Jahre nebeneinanderlegen und vergleichen würde. Wir liefern selbst alles über uns, und gab es nicht eine Behörde, die mehr als andere wissen wollte, die alles wissen wollte?

Gebauer legte sich seine Unterlagen zu Grohmann zurecht, zuerst den Funktionsplan, dann seinen Entwurf der Leistungseinschätzung: Mitwirkung am Aufbau des Sozialismus, anteilige Sicherung der volkswirtschaftlichen und ökonomischen Zielstellungen des Kombinates, danach fünfzehn einzelne Fachaufgaben, die er mit seinem Kollektiv zu bearbeiten und zu lösen hatte, zu planen, zu koordinieren, zu kontrollieren, durchzuführen, zu sichern, zu gewährleisten, zu verantworten, zu beraten, zu führen und zu leiten; dabei die Gesetze und Verordnungen, Verträge, Pläne und Weisungen übergeordneter Leiter zu beachten, zu befolgen und einzuhalten.

Die Atmosphäre im Raum war irgendwie bedrückend. Das Thema mit „hat er, soll er, muss er", dazu die abgestandene Luft und der kalt gewordene Kaffee und ein abgedunkeltes Licht und die murmelnde Stimme, das alles trug dazu bei.

Gebauer verstummte, beide sahen sich an.

„Sag mal", meinte Grohmann, „was meinst du, was das alles soll? Einiges ist selbstverständlich, anderes so hochtönend, ist das nicht Zeitverschwendung?"

„Da hätte ich ja einen weiteren Punkt für deine Einschätzung", war seine Antwort. „Vorgesetzte Stellen halten diese Ausarbeitungen für wichtig, du hältst nichts davon, wie soll ich das bewerten?"

„Ist schon gut", korrigierte sich Grohmann, „ging mir nur so durch den Kopf."

„Strenge deinen Kopf lieber an und liefere die Einschätzungen deiner Kollegen ab, und was ist mit deinem Text?"

„Ja, einverstanden", wollte Grohmann wieder Pluspunkte sammeln, „die Unterlagen liefere ich bald ab, aber eine Frage habe ich doch noch."

„Nun zeichne erst einmal ab", und er schob die Blätter Grohmann zu, „und deine Frage kenne ich schon – ob die Genossen vom MfS darin lesen – das musst du die Genossen selbst fragen." Und Grohmann war entlassen."

Zurück in seiner Kammer kam er von dem Gedanken nicht los, dass Gebauer und MfS irgendetwas verbinden würde. Oft waren unbekannte Personen bei ihm zu Besuch. Richtig, einmal wurde Grohmann gerufen und traf wieder auf einen solchen Besucher. Gebauer zeigte auf einen Ordner, der vor ihm auf dem Tisch lag und sagte: „Nimm dir mal das Material vor und sag` uns, was du davon hältst; setz` dich nebenan hin und lasse bitte niemand anderes diese Unterlagen sehen."

Der Ordner enthielt Kopien von technischen Zeichnungen mit ausländischer Beschriftung, wahrscheinlich Schwedisch oder Norwegisch. Die Blätter zeigten nur Ausschnitte von Zeichnungen, er konnte sie nach einigem Hin und Her wie ein Puzzle zusammensetzen, dann wurde ein Verstellpropeller sichtbar, aber nur einer mit einer kleinen Leistung, etwa Größenordnung für Fischkutter oder mittelgroße Yachten, vielleicht für Yachtwerft Berlin von Interesse.

Gebauer und sein Besucher nahmen das Ergebnis zur Kenntnis und die Unterlagen zurück. „Bleibt unter uns", wurde er verabschiedet.

Gebauer genießt also das Vertrauen der Stasi? Später, nach Öffnung aller Unterlagen stellte sich heraus, dass der nicht nur IM, sondern IMF – IM mit Führungsaufgaben – war.

Er war noch mehr, im täglichen Umgang nicht nur ein offener, freundlicher Kollege, sondern neben der Leitung der Hauptabteilung Technische Vorbereitung auch mit der Aufgabe betraut, den Fachausschuss Schiffbau der Kammer der Technik im Kombinat Schiffbau zu leiten. Dazu musste ein Unterausschuss (UA) Maschinenanlagen gebildet werden, und Grohmann wurde dazu ausgewählt, auch diese Aufgabe zu übernehmen.

In der Abteilung wurde darüber diskutiert.

„Das ist die große Chance, mit allen Fachkollegen der Werften in den Bereichen Projektierung und Konstruktion, dazu mit den Kollegen der Maschinenbaubetriebe und mit Vertretern der Hochschulen in direkten Kontakt zu kommen", führte Klaus begeistert aus. Sie stellten eine Liste der möglichen Mitwirkenden auf, schrieben sie an und erhielten von allen eine Zustimmung.

Drei Zusammenkünfte im Jahr nahmen sie sich vor, im Frühjahr und im Herbst jeweils eine für einen Tag, wechselnd in den Betrieben oder im Hause. Und eine so Ausgangs des Sommers, wenn die betrieblichen Ferienheime nicht mehr belegt, aber der Wirtschaftstrakt noch nicht ganz zur Ruhe gekommen war, ein zweitägiges Treffen mit einem feucht-fröhlichen Abend und Übernachtung. Allen gefiel der Vorschlag, es wurde auch immer der jährliche Höhepunkt des Gesprächs und des kollegialen Miteinanders.

Für Grohmann war es immer eine Bestätigung dieses Zusammenseins, wenn ein Kollege zu ihm kam und ihm sagte: Das, was ich eben hier erfahren habe, hatte ich noch nicht gewusst.

Sie ließen aber auch alle Begrenzungen und Einengungen beiseite, die Betriebe waren durch Verträge und Pläne miteinander verbunden, Konkurrenz existierte nicht. Es waren Stunden der offenen Zusammenarbeit.

In einer Arbeitsbesprechung forderte Grohmann nach Erledigung der üblichen organisatorischen und politischen Angelegenheiten, wie Titelkampf und Wettbewerb auf, fachliche Schwerpunkte zu besprechen.

„Welche Schwerpunkte zeigen sich international auf unserem Gebiet? Ich muss feststellen, dass in der Fachliteratur zunehmend Informationen über Schiffsmotoren mit besonders großen Ausführungen des Kolbenhubs diskutiert werden", begann er selbst, „dazu möchte ich eure Meinung hören."

Diese Entwicklungen sollten besonders hohe Wirkungsgrade des Antriebs erbringen, vor allem durch niedrige Drehzahlen und diese kompensiert durch größere Hubraumvolumen, das war der Grund für die großen Hubwerte.

Klaus ergänzte: „Und beide Firmen, die in der Entwicklung von diesen Motoren die entscheidende Rolle spielen, sind die Firmen MAN und Sulzer, sie überschlagen sich dabei fast in der Argumentation für diese Entwicklung."

Die Diskussion ging hin und her. Jeder hatte davon schon gelesen, aber waren das nur wieder Scheingefechte der beiden Weltfirmen, um den Absatz der laufenden Serien zu erhöhen? Oder steckt mehr dahinter? Mussten wir dafür sorgen, dass in unserem Dieselmotorenbau reagiert wird und DMR dazu eindeutig Stellung bezieht und seine Absichten bekannt gibt?

Grohmann beendete die Diskussion, sie einigten sich darauf, dass er die Argumente und Begründungen für diese Entwicklung im Detail ermitteln sollte, dazu Gebauer darüber informieren, dass daran gearbeitet würde mit dem Ziel, einen Sachstandsbericht zu verfassen. Klaus und Willy sollten alle bekannten Daten, Zahlen, konkreten Zielstellungen zusammenstellen, die anderen sollten nach Bedarf daran mitwirken.

Gebauer war von der Information sehr angetan und empfahl, den Bericht derart abzufassen, dass er dem Generaldirektor mit Vorschlägen zur Entscheidung vorgelegt werden konnte. Die Aktion „Langhubmotor" wurde damit ein offizieller Vorgang.

Die Faktoren „Senkung des Kraftstoffverbrauches – Senkung der Propellerdrehzahl – Senkung der Motorendrehzahl – Kompensation durch Hubvergrößerung der Motoren" als komplexe Maßnahme zur Erhöhung der Energieökonomie an Bord von Schiffen war zum Hauptthema in der Fachliteratur geworden. Solche Entwicklungen durften nicht verpasst werden.

Klaus hatte die Daten auch bald zusammen, und es wurden Konstruktionen sichtbar, die bisher völlig unbekannt waren und deren Verwirklichung bisher als unmöglich angesehen wurde. Doch bei nüchterner Betrachtung und unter Berücksichtigung der Leistungshöhen, die für die Schiffe der DDR-Werften in Betracht kamen, wurden die Werte schon wieder realistischer.

Die beiden Unternehmen, die derartige Motoren anpriesen, waren, und das war doch sicherlich ein Vorteil, schon Lizenzgeber für andere DMR-Motoren.

„Dann bietet sich doch der Vorschlag an, mit beiden Verhandlungen aufzunehmen", war die einhellige

Meinung. Man müsste in dem einen Fall den laufenden Vertrag verlängern und erweitern, im anderen Fall den Vertrag aktivieren, er wurde im Moment nicht aktiv genutzt. „Und die Verhandlungen müssen zeigen, welche Lösung für uns die beste ist." Dem war nichts hinzuzufügen.

Die Werften hatten von den neuen Motoren ebenfalls erfahren und fragten bereits an, wie und wann dazu Entscheidungen zu erwarten wären, denn die Kunden, vor allem aus den westlichen Ländern, hatten bei ihnen auch schon vorgefühlt.

Grohmann stellte mit seinen Kollegen den Text eines Sachstandsberichtes mit Entscheidungsvorschlägen zusammen.

„Müssen wir DMR nicht auch mit einbeziehen?", tauchte die nächste Frage auf.

„Ich gehe nachher sowieso zum DMR, ich lasse dort im E-Bereich eine kurze Bemerkung dazu fallen, ihr sollt mal sehen, wie schnell die dort diskutiert wird", war Willys Antwort.

Und so war es auch. Kurz vor Feierabend klingelt das Telefon, der E-Direktor Wilfried Hübscher, der alte „Freund" Grohmanns, war an der Strippe. Als Erstes war der lange Seufzer zu hören, dann folgte: „Was habt ihr denn dort vor, ohne Abstimmung mit uns?"

„Und welche Meinung habt ihr dazu?", war die Gegenfrage. Sie einigten sich, dass Grohmann am nächsten Tag gleich zu Arbeitsbeginn bei ihm aufkreuzen sollte. Den handschriftlichen Entwurf des Berichtes legte er noch der Sekretärin in die Mappe mit der Aufschrift „Aktuelles" und einem roten Blitz neben dem Titel, was bedeutete: sofort schreiben, und so schnell als möglich. Und die Bemerkung: Bin gleich früh im DMR, schrieb er dazu.

Im Büro des DMR-Direktors, in diesem hässlichen Raum mit den grünen Mustern auf der Tapete, die wie Quallen aussahen, hatte sich Grohmann nie wohl gefühlt. Ständig herrschte stickige Luft, Frischluft kam nur schwach durch die kleinen angekippten Fenster. Und den an der Zimmerdecke angeklebten Styroporelementen entströmten unangenehme Gerüche. Dazu dämpfte diese Decke die Gespräche unnatürlich. Schließlich kam noch dieser seltsame Spannteppich als Fußboden als unangenehme Erscheinung dazu, der beim Betreten immer nachgab, man ging wie auf Sumpfboden – Grohmann war froh, nicht mehr so oft in diesem Raum zubringen zu müssen.

Auf den üblichen Anfangsseufzer folgten erst einmal viele Vorwürfe: keine Abstimmung, Vorschlag über den Betrieb hinweg. Andererseits gäbe es eine Reihe von Problemen, die aktuell zu lösen wären. Und angesichts dessen hätte man im Betrieb noch nichts unternommen, die Werften hatten aber schon angefragt.

„Ich habe die Aufgabe", sagte Grohmann, „in solchen Situationen Vorschläge zu erarbeiten, und das tue ich; ist dann durch den General eine Entscheidung getroffen worden, sehen wir weiter und arbeiten die anstehenden Fragen Schritt für Schritt ab, das ist unser Konzept, das kannst du deinem Betriebsdirektor mitteilen." Hübscher seufzte erneut.

Der Sachstandsbericht mit dem Vorschlag zur Aufnahme von Lizenzverhandlungen ging durch die nachfolgenden Leitungsebenen ohne Rückfragen hindurch. Es folgte die Nachricht, dass die Vorlage „zur Kenntnis genommen und zur Realisierung angewiesen" worden sei. Der Direktor für Außenwirtschaft wurde damit beauftragt.

Es meldete sich auch bald dessen Büro, und er lud Grohmann zur Vorbereitung von Lizenzverhandlungen ein. Direktor Max Lübow, ein freundlicher Mann, betonte, dass er von Technik wenig verstehe, „Und deshalb bist du mein Berater und technischer Sachverständiger", gab er Grohmann zu verstehen. Er ließ sich die technische Begründung für die neuen Motoren erläutern, mit den anderen Kollegen diskutierte er die juristische Seite, Vertragsinhalte, alte Lizenzverträge, Marktlage und anderes. Daraus wurde ein Konzept für die Verhandlungen erarbeitet – „und du", er zeigte auf Grohmann, „und du", er zeigte auf seinen Vertragsspezialisten, „Ihr kommt beide mit in die Gespräche und sitzt dann rechts und links neben mir."

Der Betriebsdirektor des DMR war natürlich ebenfalls in die Verhandlungen einbezogen, er brachte seinen Entwicklungsleiter Dieselmotoren mit.

Zunächst war ein Gespräch mit der Firma MAN vorgesehen. Aber MAN, das war nicht mehr die Maschinenfabrik Augsburg-Nürnberg aus Bayern des Jahres 1956, dem Jahr des ersten Lizenzvertrages, das war nun MAN B&W Kopenhagen. MAN hatte 1980 die dänische Firma Burmester & Wain (B&W) übernommen und alle Aktivitäten auf dem Gebiet Großmotoren dorthin verlagert. Es war also auch mit dänischen Fachleuten als Gesprächspartnern zu rechnen.

Die Verhandlungen fanden im DMR statt. Die Gruppe MAN bestand aus vier Fachleuten. Sie wurde von Herrn Gerrit Körte, einem Deutschen, geleitet, dazu kamen drei dänische Fachleute, als deren Sprecher sich bald der Herr Jule Jörgensen herausstellte.

Nach der üblichen formellen Begrüßung und den gegenseitigen Vorstellungen und dem Visitenkartenaustausch führte Herr Körte aus, dass die Herren der MAN

B&W nur englisch oder dänisch sprechen würden und in diesen Sprachen die Gespräche führen möchten.

„Und ich möchte Ihnen mitteilen", antwortete Max Lübow, „dass ich und die Herren unserer Seite die Gespräche in deutscher Sprache führen werden."

Damit war klar, dass die Gespräche nur zwischen den beiden Verhandlungsführern erfolgen würden, und Herr Körte seinen Herren die Inhalte ins Dänische übersetzen, die Entgegnungen dänisch entgegennehmen und deutsch für unsere Seite übersetzen muss. Die Atmosphäre im Raum war nicht gut.

Lübow wies zur Einleitung der Verhandlungen auf die lange Tradition des bestehenden Lizenzvertrages hin und auf die Dauer von fast 30 Jahren, in der es stets eine gute Zusammenarbeit gegeben habe. DMR hatte sich zum Lizenznehmer mit der höchsten produzierten Stückzahl von Motoren der MAN gegenüber allen anderen Lizenznehmern, auch gegenüber den Japanern, entwickelt und war zu einem zuverlässigen Geschäftspartner geworden, der Motoren von hoher Qualität liefert und somit zum hohen Ansehen der MAN auf dem Markt beiträgt.

„Und deshalb haben wir die Hoffnung auf eine gute Fortführung der vertraglichen Beziehungen auch auf dem Gebiet der Langhubmotoren."

Herr Körte flüsterte mit seinen Partnern, die heftig, und für die deutsche Seite zwar optisch, aber nicht akustisch wahrnehmbar, auf ihn einredeten.

Als dann Ruhe auf seiner Seite eingetreten war, räusperte er sich und sagte: „Die lange Tradition, die erwähnt wurde, besteht, oder besser bestand zur MAN Augsburg, nun haben Sie einen neuen potenziellen Partner vor sich, die MAN B&W Diesel mit Sitz in Kopenhagen, und diese Gesellschaft besitzt andere Gesichtspunkte. Wir können nicht an die alten Verträge anknüpfen, wir müssen einen neuen Vertrag abschließen – doch einen solchen Vertrag wie mit der damaligen MAN werden Sie nicht wieder bekommen."

Damit waren die Fronten klar. Es wurden harte Verhandlungen. Nach einigen Stunden lagen die Eckpunkte auf dem Tisch, die technischen, die juristischen und die ökonomischen.

Die deutsche Seite sagte zu, bis zu einem vereinbarten Termin dazu Stellung zu beziehen. In kühler Atmosphäre ging man auseinander. Die Dänen hatten es eilig, sie wollten in Warnemünde eine bestimmte Fähre nach Gedser noch erreichen.

„Ganz so distanziert und reserviert hatte ich mir die Gespräche nicht vorgestellt", meinte der Betriebsdirektor des DMR.

„Du kannst ruhig sagen, so kühl und so wenig auf Erfolg gerichtet, als wollten die gar kein Geschäft machen", ergänzte Lübow und setzte fort: „Wir werten das Material sorgfältig aus und bilden uns danach unseren Standpunkt."

Grohmann erhielt den Auftrag, mit Fachkollegen die technischen Details zu bewerten. Günstig war dabei, dass DMR vor kurzer Zeit ein Vorhaben zur technologischen Weiterentwicklung bestätigt erhalten hatte, so dass die erforderlichen Fertigungseinrichtungen vorhanden waren oder in Kürze verfügbar werden sollten. Zulieferungen an Bauteilen mussten zwar noch geklärt werden, sollten aber keine allzu großen Probleme bereiten. Selbst die große Kurbelwelle nicht, denn die andere Firma für Langhubmotoren, Gebr. Sulzer AG Winterthur/Schweiz, bezog derartige Bauteile aus der Tschechoslowakei, aus Ostrava, und dort hatte die DDR sich am Aufbau des Werkes beteiligt, so dass alle Aussichten bestanden, von dort ebenfalls Kurbelwellen zu beziehen.

Zwei große Baugruppen würden auf Dauer Importe aus dem „Westen" bleiben: die Steuerkette als Antriebselement der Nockenwelle und der Abgasturbolader.

Unter Beachtung dieser Importe, so lautete die technische Beurteilung, sei die Fertigung dieser Motoren im DMR möglich. Die Einschätzungen der rechtlichen und der ökonomischen Seite blieben Grohmann vorab verborgen.

Erst einmal standen die Beratungen mit dem zweiten potenziellen Partner, der Gebr. Sulzer AG Winterthur / Schweiz an. Lag es daran, dass deutsch gesprochen wurde, oder daran, dass es auch hin und wieder kurze Bemerkungen zwischen den Mitgliedern beider Delegationen direkt gab oder dass mit dem Sprecher der Sulzer-Gruppe, Herrn Dr. Lustgarten, ein Mensch mit offenem Charakter der DDR-Seite gegenübersaß, der auch einmal eine lustige Bemerkung in das Gespräch brachte? Es herrschte jedenfalls von Anfang an eine angenehme Atmosphäre am Verhandlungstisch.

Die Sulzer-Vertreter erklärten auch, dass der bisher ruhende Vertrag von 1970 mit berücksichtigt werden könnte einschließlich der geleisteten Zahlungen. Die Verhandlungen waren bald beendet. Den kritischen Punkt sprach Dr. Lustgarten selbst an: das Auslassventil. Dieses Bauteil war einfach notwendig. Fa. Sulzer hatte damit bisher keine Erfahrungen, im Gegensatz zu B&W. Deshalb wurde eine zwar teure, aber die Sicherheit und Zuverlässigkeit versprechende Lösung mit einem Sonderwerkstoff gewählt. Diese Baugruppe, das war allen Beteiligten klar, würde eine Dauerposition des Importes aus dem NSW sein. Dazu kam auch hier der Abgasturbolader, hier vom Weltmarktführer Brown, Boveri & Co (BBC), Schweiz.

Die Fachgruppen machten sich an die Auswertung, danach an den Vergleich der Ergebnisse beider

Verhandlungen. Und es ergab sich das einhellige Urteil: Die Summe aller Vorteile liegt bei dem Motorentyp RTA 58 der Fa. Gebr. Sulzer AG, Winterthur.

Die Leitungsgremien akzeptierten dieses Ergebnis, die Werften waren mit dem Ergebnis ebenfalls einverstanden, der Bau des Motors 5 RTA musste konkret vorbereitet werden. Das erfolgte wie üblich auf Grundlage eines F/E-Themas

In Grohmanns Abteilung herrschte die Stimmung wie nach einer erfolgreich abgeschlossenen Arbeit.

„Unser Sachstandsbericht hat ein gutes Ergebnis ergeben."

Aber die beiden großen Importpositionen ließen Grohmann und seinen Kollegen keine Ruhe. Normalerweise wäre es keine Erwähnung wert, dass ein Motorenbetrieb spezielle Baugruppen zukauft, das würde die Arbeitsteilung und Spezialisierung sogar fördern. Doch hier waren nicht technische und kaufmännische Gesichtspunkte entscheidend, sondern Devisen und Politik. Und das hieß künftig Planung der NSW-Importablösung, Maßnahmepläne, Berichterstattungen, Kontrollen und immer wieder neue Auflagen.

Beim Ventil, speziell beim Werkstoff Nimonic war dieser Verfahrensweg ohne Alternative zu erwarten. Der Werkstoff war eine Legierung aus Nickel – Chrom – Kobald, der dazu mit Titan, Aluminium und anderen Zusätzen versehen wurde. Die Anwendung solcher Werkstoffe war bisher aus dem Gasturbinenbau und aus der Kerntechnik bekannt, nicht aus dem Motorenbau.

„Wir müssen uns wenigstens eine Übersicht über eventuelle Möglichkeiten in der DDR und auch im RGW verschaffen", so war die Auffassung. „Die Kollegen von der Werkstoffabteilung werden wir bitten, uns zu helfen." Die Rechercheergebnisse waren so typisch für das DDR-Wirtschaftssystem. Erst einmal fand sich niemand der Werkstoffhersteller, der sich für zuständig erklärte, auch niemand, der auch nur ernsthaft darüber nachzudenken bereit war, zumal in der Liste der Bilanzverantwortlichkeiten dieser Werkstoff nicht vorhanden war. Technisch gesehen fanden Vertreter eines Edelstahlwerkes diesen Werkstoff interessant, doch erklärten sie: Selbst wenn eine solche Herstellung aufgenommen werden würde – also nur einmal angenommen – wie hoch wäre denn der jährliche Bedarf in Tonnen – 100 t oder 1000 t oder mehr vielleicht?

„Das können wir überschläglich abschätzen: Wenn DMR, sagen wir mal kühn, pro Jahr ca. 15 Motoren von diesem Typ 5 RTA 58 fertigen würde, dann wären das 75 aktive Ventile. Selbst wenn wir die gleiche Anzahl an Reserveteilen ansetzen, kommen wir auf 150 Ventile. Der Anteil der Rohteile aus Nimonic würde etwa bei 200 bis 300 kg pro Stück liegen, das wären also 30 bis 45 t pro Jahr" – „Wer baut dafür eine völlig neue Produktion auf? Niemand!"

Schiffbau und Schiffsmaschinenbau standen immer in dem Ruf, die geringsten Mengen, aber die höchsten Qualitäten zu fordern. Tonnenideologie war damit nicht vereinbar. Nach wochenlangen Recherchen musste Grohmann dieses Ergebnis zur Kenntnis nehmen.

Blieb das Thema Abgasturbolader. Dieses Aggregat dient der Luftversorgung des Motors mit Vorverdichtung und hatte inzwischen entwicklungsbedingt selbst große Abmessungen und einige Tonnen an Gewicht erreicht. MAN hatte diese Geräte selbst entwickelt, um eine Alternative zu der Firma BBC zu haben, die für ihre Erzeugnisse Monopolpreise nahm.

„Das wird wohl so kommen", meinte Klaus, „dass die Kunden der Werften entweder BBC- oder MAN-Lader verlangen, in jedem Fall Import."

Man saß wieder zusammen und besprach die nächsten Arbeitsschritte. Der Import ließ sie nicht los.

Überraschenderweise hatte sich noch eine Delegation der MAN zu einem Gespräch angesagt. Sie stand sogar unter der Leitung des Vorsitzenden des Vorstandes der MAN B&W AG, Herrn Rupprecht und wollte die Argumente kennen lernen, die die DDR-Seite dazu gebracht hatte, die Sulzer-Lizenz zu wählen und die MAN B&W abzulehnen. So lernte Grohmann auch einen Konzernboss kennen. Vom Äußeren, von der Sprechweise und von der Gestik her ähnelte er dem CSU-Vorsitzenden F.J. Strauß, so war unser Eindruck.

Aber die beste Argumentation half nicht mehr, unsere Seite hatte sich entschieden. Herr Rupprecht und seine begleitenden Herren fuhren ohne Ergebnis wieder ab.

Kapitel 3

Ein Problem mit der Volksmarine

Grohmann saß in seinem kleinen Büro und bereitete Themenverteidigungen und Kontrollberatungen zu einigen Forschungs- und Entwicklungsthemen vor, nahm Terminvergleiche, Soll-Ist-Vergleiche der Inhalte von Entwicklungsstufen, Auswertung von eingereichten Berichten vor, das war tägliches übliches Programm, heute würde man dazu Controlling sagen.

Das Telefon summte, Grohmann nahm ab – „Frau Stich vom Büro des GD", kündigte seine Sekretärin an. Er übernahm. – „Moment, ich verbinde", sagte Frau Stich. Dann die tiefe Stimme des Chefs – „Komm mal rüber, wir haben was zu besprechen."

Er hatte Grohmann am Rande einer größeren Beratung einmal zur Seite genommen und gesagt: „Du bist für mich der Fachmann für Maschinen an Bord, wenn irgendwas Besonderes vorkommt, dann rufe ich dich, klar?" – „Ja, klar", war die Antwort. Nun war wieder ein solches Ereignis eingetreten.

Doberaner Straße 110/111, am Eingang den blauen Klappausweis vorgezeigt, der Pförtner nickte, Türsummer summte, Treppe zum ersten Stock, große Tür aus dunklem Holz mit Metallbuchstaben GENERALDIREKTOR. Gewusel im Sekretariat, Frau Stich zeigte auf die nächste Tür, „Gehen Sie gleich durch, er wartet schon."

Am anderen Ende des langen Besprechungstisches stand der Schreibtisch, an dem der General saß, hemdsärmelig mit Hosenträgern, rauchend, er verschwand fast hinter zwei hohen Stapeln mit Unterschriftsmappen.

„Setz dich hierher", so begann er, „wir müssen helfen; Konteradmiral Hoffmann war bei mir; sie haben

Probleme mit Minen-Such-und-Räum-Schiffen, und die sind im Diensthabenden-System des Warschauer Vertrages im Vorpostendienst fest eingeordnet, sollen den Westen beobachten, aus diesem System kann und will sie niemand abmelden, das wäre ein Skandal ersten Ranges, bis in die höchsten militärischen und politischen Kreise."

Also MSR-Schiffe im Vorpostendienst auf See, ständig gefechtsbereit. Und sie zeigen Korrosionserscheinungen an den Antriebsmotoren in der Art, dass an den Gehäusen von außen Löcher sichtbar werden, durch die zum Teil schon Kühlflüssigkeit hindurchsickert, bei einigen mehr, bei anderen weniger. Wirklich Löcher schon außen sichtbar, das heißt sicherlich größere Schäden innen an den Motorengehäusen, die aus Leichtmetall bestanden. Einige Schiffsbesatzungen sollen bereits Bedenken hinsichtlich der Zuverlässigkeit und der Einsatzfähigkeit geäußert haben.

„Also, informiere dich genauer, suche dir den Kreis von Fachleuten aus, den du brauchst, um die Ursachen zu ermitteln und vor allem, um eine Lösung zu erreichen, die Schiffe im Dienst zu halten. Ich bestätige dir diese Liste und dein Arbeitsprogramm und gebe das als Weisung an die betreffenden Betriebe. Und gehe davon aus, dass das Kommando Volksmarine an der Untersuchung beteiligt wird."

Damit war er entlassen und er hatte für die nächsten Wochen, vielleicht für Monate eine Aufgabe, die ihn voll in Anspruch nehmen sollte.

Die Schiffe waren auf der Peenewerft in Wolgast gebaut worden, daher die Mitwirkung des Kombinates Schiffbau. Die Antriebsanlagen kamen aus der UdSSR, die Dieselmotoren speziell aus dem Werk „Zwesda" (Stern) aus Leningrad.

Nach einigen Befragungen und Gesprächen, vor allem mit dem Spezialisten für Werkstoffe Dr. Fritz Heide, stellte sich das Problem bald als eines der elektrochemischen Korrosion dar. Es hatten sich aus den unterschiedlichen Werkstoffen des Kühlkreislaufes – Stahl, Gusseisen, Aluminium – und der Kühlflüssigkeit als Elektrolyt ein richtiges elektrochemisches Element gebildet, bei dem der „edlere" den „unedlen" Werkstoff angreift und zerstört. Unterstützt wurde dieser Prozess noch dadurch, dass das Kühlwasser mit einem Stoff zusätzlich versehen wurde, der eigentlich ein Korrosionsschutzmittel sein sollte und noch dazu das Kühlwasser ständig warm gehalten wurde durch eine äußere Wärmequelle, um die Motoren nach Stillstand schnell hochfahren zu können.

Die Ursache der Schäden war klar, die Vermeidung weiterer Schäden konnte nur darin bestehen, die Elektrolytwirkung des Kühlwassers zu vermeiden, denn die Werkstoffe ließen sich nicht generell austauschen.

Die nächste Frage würde die sein, den Umfang der Schäden zu ermitteln und festzulegen, welche davon reparabel sein würden und welche ausschließlich durch einen Wechsel der Motorengehäuse zu beheben wären.

Doch zunächst war die Arbeitsgruppe zu bilden.

Aus seiner Abteilung nahm Grohmann den Kollegen Friedrich Grau mit in die Gruppe. Dazu kam Dr. Heide. Die Werft bestimmte ihre Mitwirkenden selbst. Die Wolgaster Kollegen kamen zur ersten Zusammenkunft schon mit dem Ausruf: „Wir haben alles nach Vorschrift gemacht, Schuld hat die Marine, die die Anlagen falsch fährt!"

Es kam, wie erwartet: Jeder Beteiligte trat mit diesem Ausruf in die Arbeitsgruppe ein. Auch die Abgesandten der Volksmarine traten, zwar diskret und zurückhaltend, aber doch erkennbar auf mit der Haltung: Nicht unsere Schuld!

Sie rückten gleich mit drei Vertretern an, einem Kapitän zur See, einem Fregattenkapitän und einem Korvettenkapitän. Zu bemerken war, dass die drei nicht aus dem gleichen Bereich kamen, der Zungenschlag war doch etwas unterschiedlich. Die gegenseitige Vorstellung brachte die Aufklärung. Der Genosse Kapitän zur See kam aus der Verwaltung Schiffbau des Ministeriums für Nationale Verteidigung, die in der Kaserne Ulmenstraße in Rostock ihren Sitz hatte und gewissermaßen den Auftraggeber für die Schiffe darstellte. Die Genossen Fregattenkapitän und Korvettenkapitän kamen vom Kommando Volksmarine in Rostock-Gehlsdorf und vertraten die Flotte, also quasi den Betreiber der Schiffe.

Die Gruppe war also komplett. Grohmann: „Wir wissen alle, was passiert ist. Wir haben die Aufgabe, die Ursachen zu ermitteln, die Ursachen für den künftigen Einsatz abzustellen und vor allem die Flotte im Einsatz zu halten durch ein umfangreiches System der Befundungen und folgende Feststellungen, wie mit den Schiffen je nach Zustand der Anlagen zu verfahren ist. Und wenn diese Fragen alle geklärt sind, dann, aber auch erst dann können wir auch die Schuldfrage behandeln."

Dieser Verfahrensweise stimmten alle mehr oder weniger begeistert zu, wie ihre Mienen zeigten.

Die Befundungen der Schiffe, die nacheinander in die Werft beordert wurden, ergaben sehr unterschiedliche Ergebnisse, vor allem abhängig von der bisherigen Einsatzzeit. Es waren Motoren darunter mit fast völlig zerstörten Kühlwasserwandungen, ein Bruch wäre in Kürze zu erwarten gewesen. Andere Motoren zeigten mittelschwere bis leichte Zerstörungen.

Als erste Maßnahme wurde festgelegt, an Bord der Schiffe das Kühlwasser generell zu wechseln und die Verwendung der Chemikalie als angebliches Korrosionsschutzmittel zu untersagen. Dazu wurde der Warmhaltebetrieb im Kühlwassersystem gestrichen.

Das Motorenwerk Wurzen in Sachsen, das von der Armee als Reparaturwerk genutzt wurde, wurde einbezogen für Beurteilungen der Schäden, für die Festlegung von Reparaturen und Ersatzlieferungen von Motorengehäusen. Diese Vorgänge liefen in voller Übereinstimmung ab, die Arbeitsgruppe hielt sich dabei zurück. Sie hatte jedoch den Plan für den Reparaturablauf unter ihrer Kontrolle.

Die Auseinandersetzungen begannen, als nun doch die Ursachen diskutiert wurden, denn dahinter stand die Frage der Schuld. Schuldeingeständnis oder Schuldzuweisung hieß aber auch Übernahme der Kosten, die durch die Schäden entstanden waren und noch entstehen würden.

Die Verwaltung Schiffbau vertrat mit großem Selbstbewusstsein die Meinung, eine exakte Aufgabenstellung unter strikter Einhaltung der Vorschriften des Motorenherstellers erarbeitet zu haben, stellte jedoch die Realisierung dieser Vorgaben durch die Werft in Frage.

Die Werftvertreter wiesen diese als Unterstellung bezeichnete Anschuldigung zurück, bezweifelten die Exaktheit der Aufgabenstellung, vermuteten gleichzeitig, dass die Flotte unzulässig gehandelt haben könnte.

Von dort kam prompt der Vorwurf an die Werft zurück, die Anlagen nicht einwandfrei projektiert, konstruiert und gebaut zu haben.

Und diese Partner begannen nun, in Akten und Ablagen nach Protokollen, Notizen, Mitteilungen, Briefen, Fernschreiben und Telegrammen zu suchen, die man einander zugesandt hatte, um zu beweisen, dass jeweils der andere nicht alle Forderungen, Abstimmungen, Festlegungen usw. erfüllt und korrekt umgesetzt hatte.

Dr. Grohmann und Dr. Heide betrachteten diese Vorgänge eine Weile. „Also, so kommen wir nicht weiter", war ihre Erkenntnis. „Wir werden jetzt das Problem schrittweise abarbeiten."

„Vorher sollten wir prüfen lassen, ob der Werkstoff der Motorengehäuse doch nicht ganz geeignet war für diesen Betrieb?"

„Eigentlich unwahrscheinlich, bei den langjährigen Erfahrungen, die bei Zwesda vorliegen müssten; aber gut, machen wir, dann können wir Fragen in dieser Hinsicht beantworten."

Der Werkstoff stellte sich als ganz normale Leichtmetall-Legierung heraus, üblich für solche Einsatzfälle.

Die differenzierte Betrachtungsweise: wer hat wann was gefordert, festgelegt akzeptiert oder bestätigt, zeigte bald, dass alle drei Partner den Punkt einer möglichen Korrosion nicht sorgfältig genug beachtet hatten. Das erkannten sie bald selbst und versuchten nun, den eigenen Anteil möglichst gering, den der anderen möglichst hoch darzustellen.

Die Werftvertreter waren dazu immer noch bemüht, die Angaben des Motorenherstellers generell als unzureichend nachzuweisen.

„Wir haben einen Spezialisten des Werkes aus Leningrad eingeladen, hier bei uns im Rahmen einer Konsultation Auskunft zu geben", so die Vertreter der Peenewerft.

Nach einigem Hin und Her mit verschiedenen sowjetischen Stellen war der Spezialist in der Vertretung der sowjetischen Flotte auf der Werft angekommen. Er erklärte, dass er nur zu Konsultationen mit der Werft befugt sei, Gespräche mit einer Arbeitsgruppe seien nicht vorgesehen.

Die Werft musste sich damit einverstanden erklären, erreichte auch die Zusage, einen deutschen Spezialisten zur Information einbeziehen zu können. So nahm Grohmann an dem Gespräch teil.

Der Zwesda-Spezialist zeigte sich als ein Musterbeispiel für formales Verhalten. Auf alle Fragen und Bitten um Erläuterungen kam seine stereotype Antwort: In den übergebenden Unterlagen des Werkes „Zwesda" zum Motor sind alle erforderlichen Angaben enthalten; bei strikter Einhaltung sind Schäden im Motorenbetrieb nicht zu erwarten, sie sind ausgeschlossen. Fragen nach ähnlichen Schäden in anderen Anlagen wies er empört zurück. So drehten sich die Gespräche im Kreis, die Fortsetzung war unergiebig, der Spezialist fuhr wieder ab, ohne dass die Werftpartner irgendeine neue Erkenntnis gewonnen hätten.

Die Werft wollte nun andere Wege gehen und mit höheren Leitungsebenen ins Gespräch kommen.

Eines Tages bekam Grohmann einen Anruf aus Wolgast: „Richte dich darauf ein, mit uns nach Moskau zu fahren, um dort die Gespräche zu führen, der Dr. Heide muss auch mit." Sie erhielten eine Kopie der Reisedirektive und waren Mitglieder der Delegation. So erfuhren sie, dass die Gespräche eigentlich zwischen den Außenhandelsunternehmen der UdSSR und der DDR geführt werden sollten, von sowjetischer Seite von GIU – übersetzt Staatliche Ingenieur-Verwaltung – als Tarnbezeichnung für den militärischen Außenhandel und von DDR-Seite von Außenhandelsunternehmen Schiffscommerz. Beide zogen ihre Betriebe – Zweda hier, Peenewerft da – in die Gespräche mit ein, und beide hatte wiederum Spezialisten an ihrer Seite. Verhandelt wurde am Sitz von GIU in Moskau.

Die Delegation flog nach Moskau und erhielt Quartier im großen Hotel Ukraina mit prächtigen Zimmern.

Wann sollten die Gespräche stattfinden? Das war die Frage – wann gab es einen Termin bei GIU? Jeden Morgen traf man sich beim Frühstück im Hotel. Und jedes Mal zuckten die Wolgaster mit den Schultern – also heute nicht. Und jede Teilgruppe versuchte nun, die Zeit, es war übrigens tiefer Winter mit entsprechenden Temperaturen, sinnvoll zu verbringen.

„Und was stellen wir in dem eiskalten Moskau noch an?", fragte Fritz Heide und schaute aus dem großen Hotelfenster auf das winterliche Moskau. Ein paar Mal hatten sie das Kaufhaus GUM und das Kinderkaufhaus „Detski Mir" – zu Deutsch „Kinderwelt" – schon besucht, auch das Russische Museum, sie waren mit der Moskauer Metro kreuz und quer gefahren und hatten sich zum wiederholten Mal die prachtvollsten Stationen angeschaut. Auch eingekauft hatte sie, Grohmann hatte im Geschäft „Internationales Buch" einige Bücher gefunden, nach denen man in der DDR lange suchen musste, sogar plattdeutsche Literatur. Heide erstand in einem Musikfachgeschäft einen Geigenbogen, nach dem er seit geraumer Zeit auf Jagd war. Nach Werkzeugen stand ihnen diesmal nicht der Sinn, obwohl sie das Geschäft inspiziert hatten.

„Ich habe hier ein Informationsblatt", meinte Grohmann, „es wird auf den Prominentenfriedhof hingewiesen, wäre das noch etwas?" Heide stimmte zu und so standen zwei DDR-Bürger ziemlich alleine, nicht sehr zweckmäßig gekleidet in Anbetracht der Kälte, in Schnee und Eis auf dem Friedhof am Nowodewitschki-Kloster und bestaunten die zum Teil prächtigen Grabmale. Sie fanden die Stellen von Nikita Chruschtschow, von Gogol und Schaljapin, von Eisenstein und Ehrenburg, von

Tschechow und Majakowski, von der Ulanowa, von Tupoljew und Iljuschin. Aber länger hielten sie es nicht aus in der Kälte.

Nun stand der Termin bei GIU endlich fest. Der Vertreter von Schiffscommerz, die beiden Wolgaster, dazu der Dolmetscher, und Dr. Heide und Dr. Grohmann trafen sich im Eingangsbereich dieses speziellen Unternehmens. Zunächst fiel die hohe Anzahl von Personen auf, die das Gebäude betraten oder verließen, sowohl zivil Gekleidete als auch Uniformierte, mal in schlichter Ausführung, mal operettenhaft aufgemacht mit vielen Sternen, Schnüren und Kordeln auf den Uniformen. Dunkelhäutige Personen hatten einen hohen Anteil daran.

Sie wurden in einen kleinen Konferenzraum geführt. Die sowjetische Seite war bereits anwesend und bestand aus zwei Vertretern von GIU und drei aus Leningrad, dazu kam ebenfalls ein Dolmetscher.

Es saßen sich jeweils sechs Leute gegenüber. Die Gespräche einschließlich Übersetzungen gingen hin und her, Vorschriften wurden verlesen, Protokolle zitiert, Fragen gestellt, lange Antworten gegeben mit dem Ergebnis: Alle erforderlichen Angaben sind in den Unterlagen, die die Werft erhalten hat, enthalten, die strikte Anwendung würde einen sicheren Betrieb ergeben und nein, derartige Schäden seien in anderen Anlagen mit diesem Motor nicht aufgetreten.

Der Vertreter von Schiffscommerz war der Meinung, dass das Ergebnis zu erwarten gewesen sei, aber man habe nun auch die Antwort von der höchstmöglichen Stelle, darauf könne man sich notfalls berufen. Und er lud die die Gruppe zu einem Besuch in seine Vertretung ein. In „Jugo-Sapatnaja", im Südwesten Moskaus hatten die Außenhandelsunternehmen der DDR einen Neubaublock erhalten und dort ihre Büros und Konferenzräume eingerichtet, auch eine deutsche Kneipe mit deutschem Bier. Und so saßen Schiffscommerz, Technocommerz, SKET, Takraf, WMW u. a. zusammen.

Es wurde trotz des negativen Ergebnisses – „Ihr konntet gar nicht mehr erreichen, vor allem, wenn Militärisches mit im Spiel ist", meinte ein Experte – ein lustiger Abend in „Deutsch-Südwest", wie es einige Mitfeiernde mit mittelschwerer Zunge nannten.

Das Thema „MSR-Schiffe" wurde vom Generaldirektor des Kombinates Schiffbau in seinen Rapport „Militärischer Schiffbau" aufgenommen. Er beriet in bestimmten Abständen, meist monatlich, mit Volksmarine, Werft und Zulieferbetrieben verschiedene Schwerpunkte in der Zusammenarbeit. Nun war also auch das Korrosionsthema mit einbezogen. Grohmann erhielt eine Einladung und musste zum angegebenen Termin in Wolgast erscheinen zur Berichterstattung.

Inhaltlich waren keine Probleme zu beraten, die Arbeiten verliefen planmäßig. Ein größeres Problem war es für Grohmann, überhaupt zur rechten Zeit nach Wolgast zu kommen und danach wieder zu einer annehmbaren Frist wieder nach Hause. Die Verkehrsverbindungen zwischen Rostock und der Werft waren schlecht. Mit der Bahn über Stralsund-Greifswald-Züssow mit Umsteigen und eventuellen Zugverspätungen war es eine Tagesreise. Einen Dienstwagen bekam Grohmann nicht, manchmal die Genehmigung, den privaten PKW zu benutzen. Da war der Marinebus noch die beste Lösung. Und man konnte dabei den Marine-Mützentanz miterleben. Was das war?

Die Volksmarine hatte für den Verkehr von Rostock zur Peenewerft Wolgast eine interne Buslinie mit einem Robur-Bus eingerichtet, der täglich verkehrte, und für den man sich anmelden musste bzw. konnte, wenn man im Interesse der VM etwas auf der Werft zu erledigen hatte und wenn man einen der zwanzig Sitzplätze erhalten wollte. Der Bus war fast immer gut ausgebucht.

Ein Armeeangehöriger hatte sich in der Öffentlichkeit nur komplett uniformiert zu zeigen. Dazu gehörte auch das Tragen der Mütze. Im Bus war man eigentlich unter sich, doch beim Durchfahren von Städten war man in der Öffentlichkeit. Also trug man dort die Mütze. Außerhalb der Ortschaften, zumal bei warmem Wetter und stickiger Luft im Bus, war es etwas anders. Alle schielten auf den ranghöchsten Mitfahrer. Wenn der seine Mütze in die Ablage tat – schwupp, schwupp, schwupp –, flogen alle Mützen von den Köpfen. Näherte man sich einem Ort, also den Städtchen Tessin oder Dargun oder Demmin, dann – schwapp, schwapp, schwapp – saßen die Mützen wieder auf den Köpfen, bis auf dem flachen Land sich das Ganze wiederholte – Mützentanz. Grohmann fand das albern, aber lustig, eben militärisch.

Es wurde Zeit, eine Bilanz zu ziehen: Die Flotte war durch intensive Arbeiten ihrer Angehörigen, der Mitarbeiter der Werft und des Motorenwerkes Wurzen, durch Reparaturen und Wechselaktivitäten im Einsatz geblieben, die Schiffe wurden nacheinander in einen einwandfreien Zustand gebracht. Die Ursache für diese Korrosionserscheinungen war geklärt. Es blieb die Frage nach der Verantwortlichkeit, nach richtigem oder falschem Handeln. Die Kostenfrage war aus der Themenstellung der Arbeitsgruppe ausgeklammert worden. Es wurde also Zeit, einen Abschlussbericht vorzulegen.

Grohmann und Heide waren sich einig darüber, der Arbeitsgruppe einen Entwurf eines Berichtes vorzulegen, um ein Diskussionspapier zu haben und Ergänzungen und eventuelle Korrekturen einarbeiten zu können.

Die Widersprüche, die hier und da in der Tätigkeit der Arbeitsgruppe deutlich wurden, sich jedoch im Verlaufe wieder gelegt hatten, brachen nun bei der Diskussion zum Bericht voll aus. Der Entwurf wurde von allen anderen mehr oder weniger lautstark zurückgewiesen. Darin waren sich plötzlich Werft und Marine einig, aber jeder hatte andere Argumente. Es wurde also beschlossen, zur nächsten Beratung der AG die Argumente des Entwurfs in Ruhe zu prüfen.

Der Genosse Kapitän zur See Hauke der Verwaltung Schiffbau des Ministeriums für Nationale Verteidigung legte zur nächsten Beratung wortlos ein Papier auf den Tisch und lehnte sich mit verschränkten Armen zurück. „Was ist das?", fragte Grohmann und zeigte auf die Blätter. „Das ist die Auswertung wichtiger Dokumente zum Thema, auch solcher von sowjetischer Seite in russischer Sprache, mit dem Nachweis, dass in Anwendung dieser Materialien in unserer Aufgabenstellung alles enthalten ist, was erforderlich ist." Der Genosse Hauke hatte oftmals betont, dass er an der Marine-Akademie in Leningrad studiert habe und die russische Sprache voll beherrsche, in Wort und Schrift. „Das ist unser Beitrag zum Abschlussbericht", bemerkte er noch, und fortan schwieg er.

Nun kramte der junge forsche Fregattenkapitän Biermann vom Kommando VM in seiner umfangreichen Mappe und legte seinerseits einen Ordner mit Papieren auf den Tisch. „Unser Beitrag zum Abschlussbericht mit einer tiefgehenden Analyse von Ursache und Wirkung." sagte er und schob ihn Grohmann zu.

Grohmann überflog die Ausarbeitungen, reichte sie Heide zu und verkündete eine kurze Pause.

Die Marineleute standen sofort zusammen und tuschelten miteinander. Natürlich traten auch die Werftvertreter und die aus dem Kombinat Schiffbau gleich zusammen.

Grohmann hielt sich von beiden Gruppen fern, demonstrativ unparteiisch. Die Werftleute hatten natürlich ebenfalls ein Papier vorgelegt, sie gaben es Grohmann in der Pause. Darin auch nichts Neues, Vorwürfe an die Verwaltung wegen nicht eindeutiger Aufgabenstellung hinsichtlich der Chemikalie, Vorwürfe an Kommando wegen zu später Meldung der Schäden.

Es zeichnete sich aber doch eine Ursache ab: Der Warmhaltebetrieb, also die Erhaltung höherer Temperaturen von Kühlwasser und Schmieröl bei Stillstand der Motoren war offensichtlich nachträglich in die Aufgabenstellung aufgenommen worden, und keiner der Partner hat darüber näher nachgedacht.

In fortgesetzter Runde schaute sich Grohmann seine Partner an und meinte: „Wir haben auf dem Tisch unseren unparteiischen, und ich meine objektiven Entwurf, dann die Ausarbeitungen der Verwaltung, die des Kommandos und die der Werft, daraus kann kein einheitlicher Bericht erarbeitet werden." „Wir wollen aber unseren Standpunkt darin enthalten sehen", so FK Biermann. „Und ich auch meinen", ergänzte Kapitän Hauke. „Dann wird es wohl so sein, dass die Leitung der AG den Bericht aus ihrer Sicht verfasst und die Ausarbeitungen von Verwaltung und Kommando als Beilagen mit unterschiedlichen Standpunkten dazugefügt werden", war die Aussage von Grohmann.

„Wir haben das so vorausgesehen", erklärte FK Biermann scharf, „in diesem Fall geht die Volksmarine vor das staatliche Vertragsgericht und verklagt die Peenewerft auf Vertragsverletzung, also auf volle Vertragserfüllung und auf den Ausgleich ökonomischer Nachteile." Sprach es, räumte seine Unterlagen in seine große Tasche, stand auf, mit ihm die anderen Marinevertreter, sie legten die Hand an den Mützenschirm und verließen den Beratungsraum. Auch die Werftvertreter verabschiedeten sich.

Grohmann und Heide sahen sich an. Das war es wohl mit der Arbeitsgruppe. „Ich werde den Bericht, so wie im Entwurf dargelegt, fertigstellen, die Schuldfrage, darin sind wir beide uns ja einig, will ich nicht so in den Vordergrund stellen, mehr auf die Ursachen eingehen, und daran haben alle drei Partner ihren Anteil, den will ich hervorheben, du bekommst dann die Ausarbeitung zur Durchsicht und Ergänzung oder Korrektur, danach geht der Bericht mit den Beilagen an den Generaldirektor, damit ist dann hoffentlich unsere Arbeit hier getan", so Grohmann zu Heide. Der stimmte zu.

Einige Zeit später klingelte das Telefon wieder.

Der General saß, von zwei Stapeln Mappen umgeben, hemdsärmelig am Schreibtisch und las, offenbar unseren Bericht. Er zeigte nur wortlos auf einen Stuhl am Beratungstisch und las weiter, dann legte er die Blätter zur Seite. „Da haben wohl alle Beteiligten ihren Anteil an den Schäden", fragte er und fuhr fort, „und deshalb kämpft auch jeder gegen jeden?"

„Ja, so sehen wir das auch", entgegnete Grohmann.

„Deshalb wird auch klar, weshalb die Marine vor das Vertragsgericht ziehen will, sie will dort ein Urteil bekommen, dass sie im Recht ist."

Grohmann machte ein fragendes Gesicht.

„Ich erkläre dir das", sagte Wahl, „du musst wissen, an diesem Zentralen Vertragsgericht gibt es die Abteilung 1, zuständig für alle Fälle, in denen die Armee irgendwie eingebunden ist, und in dieser Abteilung 1 existieren nur zwei Urteile – entweder bekommt die militärische Seite völlig Recht, die zivile verliert, das kommt in der Regel vor; manchmal kommt es aber auch zu einem Urteil, in dem beiden Seiten Schuld zugewiesen wird, ein

Unentschieden etwa, ein besseres Urteil kann die zivile Seite nicht erreichen, das kommt einem Sieg für die zivile Seite nahe, die Militärs werten es als Niederlage – die Marine hofft nun auf ein für sie positives Urteil."

Es entstand eine Gedankenpause – so hatte Grohmann noch nicht gedacht.

„Es ist klar, die Werft muss hin, ich schicke unseren Justitiar mit, und du fährst auch mit, als Experte des Kombinates."

Der Gerichtstermin war herangekommen. Alle trafen sich wieder, aber nicht als Arbeitsgruppe, diesmal als Prozessgegner. Grohmann als Experte musste warten. Nach seinem Aufruf vertrat er vor dem Richter die Erkenntnisse, die im Abschlussbericht dargelegt waren, erwähnte die davon abweichenden Auffassungen in den Beilagen, die er – und das betonte er – nicht teilte. Dann war er entlassen.

Das Urteil mit dem Wortlaut u. a. „beidseitige Verantwortung nicht völlig wahrgenommen" war ein Unentschieden, von der Werft mit gequältem Lächeln, von den Vertretern der Volksmarine mit verkniffenem Gesicht zur Kenntnis genommen. Wortlos ging man auseinander. Grohmann konnte einen kleinen Sieg innerlich verbuchen.

In dieser Sache zum letzten Mal beim Generaldirektor.

„Für die Organisation der Arbeiten zu Befundungen, Reparaturen und Wechseln von Bauteilen, so dass die Flotte im Dienst bleiben konnte, besten Dank, auch für die Ermittlung der Ursachen und die Umstellungen an Bord. Die Verantwortlichkeiten waren verteilt, was auch im Urteil zum Ausdruck kam, da konnte nicht mehr erreicht werden, insgesamt eine gute Arbeit. Und lege mir eine Liste für Prämien vor, die ich für die Beteiligten

unserer Seite ausgeben will, deinen Betrag setze ich ein
– und die Kollegen von der Peenewerft bekommen nix!"

Nach einiger Zeit konnte man einen zivilen Mitarbeiter Hauke auf der Schiffswerft Neptun Rostock antreffen. Inwieweit die Ruhestandsregelung für Offiziere der Volksmarine oder die Folgen der Schäden an den MSR-Schiffen oder beides dabei gewirkt haben, ist für einen Außenstehenden nicht zu ermitteln.

In der nächsten Arbeitsberatung bei Grohmann diskutierten seine Kollegen mit ihm über diese Arbeit – kompliziertes Thema mit der Werft und einer Flotte im Dauereinsatz, Zusammenarbeit mit der Volksmarine und mit den Sowjets.

Grohmann hatte darüber schon im Laufe der Arbeiten nachgedacht, seine Erkenntnisse konnte er nur so formulieren: Bei aller Freundschaft und Brüderlichkeit, bei allen Umarmungen und Bruderküssen, die unsere führenden Genossen austauschen, bleibt für uns die Erkenntnis, dass es so, wie erlebt, also derart einseitig, nicht auf Dauer funktioniert. Hat die Werft ein Problem mit einem Zulieferprodukt aus der SU und wünscht eine Konsultation, dann kommt ein Mensch wie ein präparierter Roboter und leiert sein Sprüchlein herunter; zu einem Fachgespräch, von kollegial ganz zu schweigen, kommt es nicht. Und ein Gespräch in der SU beim Hersteller, das kannst du sofort vergessen, den Betrieb bekommst du gar nicht zu Gesicht, du landest in einem Außenhandelsbetrieb und sitzt dort den gleichen „Spezialisten" gegenüber. Schau dir dagegen unsere Betriebe an, die Produkte für die SU herstellen, zum Beispiel die Werften, da wimmelt es geradezu von Behörden für Zulassungen und Kontrollen, von Bauaufsichten und Abnahmebehörden mit Zugang zu allen möglichen Bereichen der

Werft. Mit einer derartigen Einseitigkeit kann es doch keine wirkliche Gemeinschaft geben! Wenn du dieses Thema zart bei den Sowjets anklingen lässt, bekommst du zur Antwort: Für solche Regelungen seien die Genossen im Kreml zuständig, wir machen „Ökonomik".

Und das Verhalten der Partner im eigenen Land? Dass jeder möglichst ungestört seinen Plan erfüllen will, besser muss, ist verständlich. Nicht verständlich ist, dass stets der Grundsatz gilt: Wer zugibt, dass er etwas ändern muss, der gibt auch zu, dass er schuldig ist, und wer Schuld hat, der zahlt. Dann wird lieber gemauert und getrickst, anstatt ehrlich zusammenzuarbeiten, um das entstandene Problem zu lösen. Das kann nicht der Weg zu den lichten Höhen der sozialistischen Zukunft sein.

Und die Volksmarine löste das Problem, indem sie das gleiche Mittel gegen Korrosion einsetzte, wie die Handelsmarine: das Korrosionsschutzöl Shell Dromus B aus dem „Westen" – damit in den Vorpostendienst gegen den „Westen".

Kapitel 4

Der Sozialismus sucht weitere Auswege

Der Alltag mit Routinearbeiten beherrschte den Tagesablauf in der Abteilung Maschinenanlagen: Themenverteidigungen und -kontrollen, Projektgutachten, Dienstreisen zu den Partnern der Zulieferindustrie.

Ein Schreiben des Ministeriums für Schwermaschinen- und Anlagenbau, also die vorgesetzte Behörde, lud Fachleute aller zugehöriger Kombinate ein zu einer „Problemberatung und Diskussion von Lösungsvorschlägen" zum Thema Energieträgerumstellung.

Ursache der Aktion war das, was man im Westen „Zweite Ölkrise" nannte und im realen Sozialismus „Erhöhung der Effektivität von energetischen Prozessen mit dem Ziel der Einsparung der wichtigen Ressource Erdöl."

Ganz real hatte die Sowjetunion der DDR angekündigt, die Lieferung von Erdöl etwas zu reduzieren. Folglich mussten andere Energieträger aktiviert werden, möglichst nur Rohbraunkohle eingesetzt werden. Bei der Wärmeversorgung der Städte mit Fernwärme, wie in der Rostocker Südstadt, hatte man diesen Schritt bereits vollzogen, mit dem Ergebnis des ständigen Lärms der zusätzlich benötigten Gebläse für die Feuerung mit Rohbraunkohle und eines ständigen Schleiers von schwefelhaltigen Rauchgasen mit dem entsprechenden Gestank über der Stadt. Die Partei hatte damit ein Dauerdiskussionsthema geschaffen.

Nun ging es um technische Anlagen, speziell um Motorenanlagen und um Schiffsanlagen. Grohmann bereitete die Problemberatung im Kreis der Kollegen vor.

„Geht gar nicht, Quatsch, zur Seite legen, erledigt sich von selbst", waren die ersten Reaktionen. „So kann man nicht im Ministerium aufkreuzen, ein bisschen mehr muss man schon in der Tasche haben – also mal in Ruhe überlegen."

Schiffe und Energieträger ohne mineralische Kraftstoffe – wie könnte eine solche Lösung aussehen? – Sie kamen auf Gas, Erdgas als einzige erkennbare Alternative. Und als Schiffstyp dann einer, der sich nicht allzu weit von Versorgungsstellen entfernt. Und so kam der Schiffs-Typ CBK, ein Binnen-Container-Frachtschiff, im Einsatz auf den großen russischen Flüssen und im Schwarzen Meer, in den Blickpunkt.

Grohmann gab als Aufgabenstellung vor: Untersuchung einer CBK-Anlage mit Erdgas als Kraftstoff, Varianten dabei Erdgas im Normalzustand, Erdgas mit hohem Druck im Druckbehälter, Erdgas verflüssigt bei -162° C. Als Randbedingung sollte gelten: Es ist die gleiche Aktionsweite des Schiffes, wie mit Dieselkraftstoff bzw. Schweröl als Kraftstoff zu sichern.

Es wurde gerechnet und diskutiert, entworfen und verworfen. Für den Fall Normalzustand des Gases ergaben sich unmöglich große Gasbehälter zur Bevorratung der erforderlichen Gasmenge, bei der Druckvariante stritten sie sich über die Problematik Höhe des Druckes und Abmessungen und Massen der Druckbehälter. Und bei der Variante „Verflüssigtes Erdgas" ging es um den Energieaufwand zur Verflüssigung und um die Frage der Erhaltung der tiefen Temperatur an Bord durch isolierte Behälter.

Die Problemberatung und Diskussion fand im Haus der Ministerien in Berlin, Leipziger Straße, früher Reichluftfahrtministerium, statt. Der Stellvertreter des Ministers, Genosse Hempel, der sich mit „Genosse Minister" ansprechen ließ, leitete die Runde und äußerte eingangs die

Erwartung, von den Vertretern der Kombinate reale und abrechenbare Ergebnisse auf den Tisch zu bekommen.

Von den etwa zwanzig im Raum anwesenden Personen waren einige wenige Grohmann bekannt. Doch der Abgesandte des Kombinates SKL Magdeburg, Dr. Rudolf Sperber, Direktor des Wissenschaftlich-Technischen Zentrums Dieselmotoren Roßlau, war ihm gut bekannt. Sie setzten sich nebeneinander. Beide waren sich einig, dass hier wieder einmal eine Alibiveranstaltung der höheren Leitung ablaufe, aber man könne sich hier kurz austauschen, das wäre auch ein Ergebnis.

Die Ausführungen einiger Kombinatsvertreter brachten viel Zustimmung zur Zielstellung der Beratung und die Hervorhebung der Bedeutung dieser Frage, doch nur wenige eigene Zielstellungen, schon gar keine Ergebnisse.

Grohmann bezog sich ganz auf die Untersuchungen am Schiffstyp CBK und die Konzentration auf Erdgas als Energieträger. Große Aufmerksamkeit erregte die Darlegung, dass der gesamte Laderaum mit Gasbehältern gefüllt werden müsste, wenn Gas im Normalzustand in Anwendung kommen sollte, aber dann leider auch der Zweck des Schiffes nicht mehr zu erfüllen wäre.

„An deinen mit Gasspeichern vollen Laderäumen lässt sich sicherlich noch einiges optimieren", ließ sich der Minister vernehmen.

„Dazu muss ich sagen", griff Rudi Sperber ein, „dass wir im SKL zu gleichen Ergebnissen gekommen sind."

„Du bist noch gar nicht dran", konterte der Minister, „und den Schiffbau lass mal machen, die können sich auch alleine helfen, so, und nun kommst du!"

Die befürchtete Festlegung zur „weiteren Optimierung" war damit vom Tisch. Sperber ging darauf ein, dass es keine Probleme bereiten würde, die Motoren auf Gasbetrieb umzustellen, die Frage wäre, ob die Kunden solche Forderungen überhaupt stellen, ob ein Bedarf dafür vorhanden wäre.

„Aber anbieten könnt ihr den Kunden diese Lösung?"

„Selbstverständlich, Genosse Minister, derartige Angebote werden wir unterbreiten."

Die Beratung endete mit dem Appell, ständig höhere Anforderungen und Zielstellungen …

Ein Mitarbeiter des Ministers kündigte an, dass das Kombinat Minol die Bildung einer Arbeitsgruppe „Umstellung Mineralöle" vorbereiten würde, und rief die Kombinate des MSAB zur Mitarbeit auf. Diese Mitarbeit wollte sowohl Sperber für SKL als auch Grohmann für den Schiffbau sichern.

Es gab auch eine konkrete Aufgabe auf diesem Gebiet. Der Dieselmotor 12 KVD 21 sollte vom Diesel- auf Gasbetrieb umgestellt werden. Dieser Motor war der Lokomotivmotor der Deutschen Reichsbahn der DDR. Die Produktion erfolgte im ehemaligen Motorenwerk Johannisthal in Berlin. Das Motorenwerk war inzwischen in den Betrieb Kühlautomat Berlin eingeordnet worden, und der gehörte zum Kombinat Schiffbau. So einfach war die Zuständigkeit für den Motor zu erklären.

Der Motor wurde u. a. in Rangierloks eingesetzt. Das Gaskombinat „Schwarze Pumpe" betrieb solche Lokomotiven und trat an Kühlautomat Berlin heran, die Motoren der Werksbahn auf Gasbetrieb umzustellen.

Kühlautomat beantragte daraufhin ein entsprechendes F/E-Thema, und so hatte Grohmann die Aufgabe auf dem Tisch, diesmal allerdings nur als Controller.

Das Thema lief gut, die Arbeiten kamen zügig voran. Der Motor lief auf dem Prüfstand mit Gas einwandfrei und so leise, wie früher die Dampfmaschinen. Das Endergebnis lag als Anpassungskonstruktion bald vor.

Aber das Interesse des Auftraggebers wurde immer geringer. Man war dort auf das Problem der Kraftstoffvorräte gestoßen. Die Form der Speicherung stand im Raum. Daran scheiterte alles.

Kapitel 5

Der Schiffbau soll helfen, richtig zu regieren

Am Telefon war diesmal nicht der Generaldirektor, sondern sein „Persönlicher" Referent und der teilte Grohmann mit: „Du bist ab sofort Mitglied einer Arbeitsgruppe, die Genosse Dettmann, Werftdirektor Volkswerft Stralsund, leitet; er kommt morgen nach Rostock und wird im Großen Sitzungszimmer hier bei uns die Gruppe zum ersten Mal zusammenrufen und instruieren, um zehn Uhr bist du also auch dabei."

„Und worum geht es?", wollte Grohmann wissen.

„Das erfährst du alles morgen, bis dann", und damit war die Berufung beendet.

Grohmann suchte das Gespräch mit Walter Gebauer, seinem Vorgesetzten, um Sinn und Zweck dieser Gruppe zu erfahren.

Der lächelt nur verlegen und hob die Schultern: „Weiß ich auch nicht." Grohmann glaubte ihm nicht bei dessen Verbindungen, aber es half nicht.

Am nächsten Vormittag trafen sich im Sitzungssaal neben ihm fünf oder sechs Mitarbeiter des Kombinates, genauer war das im Moment des Gewusels nicht auszumachen, dazu die gleiche Anzahl von Leuten der Werft. Kurt Dettmann kam sofort auf Grohmann zu, sie kannten sich aus der Zeit des Baus der Schiffsserie Atlantik-Supertrawler.

Dettmann zog ihn sofort auf seine Seite und wies ihm dort seinen Platz an.

„Du bist mein Stellvertreter", raunte er Grohmann zu. Dann wurde er laut, klatschte in die Hände und forderte auf, Platz zu nehmen.

„Genossen, wir haben als Arbeitsgruppe des Schiffbaus die Aufgabe zu erfüllen, die der Minister uns gestellt hat, wir sollen auf der Grundlage unserer Erfahrungen im Prozess der sozialistischen Produktion und Reproduktion", so las er es vom Blatt ab, „die Leitungstätigkeit im Kombinat Schwermaschinenbau Karl Liebknecht Magdeburg gemeinsam mit den Genossen vor Ort analysieren, Schwachstellen aufdecken und die Leitungstätigkeit auf das Niveau bringen, dass die sozialistische Ökonomie eingehalten wird und die Planerfüllung nach Termin und Sortiment jetzt und in Zukunft gesichert ist; das sind wir im Vorfeld des sechsten Parteitages der SED unserer Wirtschaft und der gesamte Republik schuldig." Er ließ das Blatt sinken und schaute in die Runde.

In freier Rede fuhr er fort: „Im SKL stimmt einiges nicht, die Pläne werden nicht erfüllt, die Motoren kommen nicht zum vereinbarten Termin, wir haben auf den Werften dann ebenfalls Schwierigkeiten, deshalb werden wir im SKL in den Bereichen Planung, Einkauf, Produktion, Gütekontrolle, Finanzen tätig werden, immer zwei Genossen von uns nehmen sich diese Bereiche vor; und du", er wandte sich an Grohmann, „bist mein Stellvertreter und erarbeitest im Entwicklungsbereich mit den Genossen dort Vorschläge, wie das Motorenprogramm künftig gestaltet werden muss. Immerhin sind einige Motoren schon über zwanzig Jahre im Lieferprogramm, da wird es Zeit, über moderne Typen nachzudenken."

„Wie soll denn der Ablauf vor sich gehen?", kam eine Frage aus der Menge.

„Wir fahren montags morgens mit dem Zug nach Magdeburg und sind bis Freitagmittag dort und fahren dann zurück, für die Zugfahrten ist schon alles organisiert. In Magdeburg wohnen wir im Ledigenheim des Werkes, gleich auf der anderen Straßenseite; verpflegt werden wir zu Sonderzeiten in der Kantine."

„Und wie lange ist der Einsatz geplant?", kam die nächste Frage.

„Also, zum Parteitag sollen wir fertig sein", war die Antwort.

„Mann, wir haben jetzt Februar, der Parteitag ist im April, das sind ja etwa acht Wochen!", wurde festgestellt.

„Darüber diskutiere ich nicht, Auftrag ist Auftrag", meinte Dettmann.

Dr. Kurt Dettmann – Grohmann hatte ihn auf der Werft kennen gelernt, nun kam er ihm näher – von mittelgroßer, eher kleiner Gestalt, untersetzt, mit vollem weißen Haar auf dem relativ großen Schädel, immer braungebrannt, mit flinken Bewegungen und schneller Zunge, und mit Doktortitel, wie er oft betonte.

Die Erklärung für diese Aktion war einfach: Dettmann hatte Probleme auf der Werft, eigene Vorstöße bei SKL hatten nicht geholfen, also Beschwerde über SKL beim Generaldirektor, andere Werftdirektoren stimmten dem zu, der General war beim Minister vorstellig geworden, dessen Reaktion war: Dann bringe das mal mit deinen Leuten in Ordnung. Den Auftrag fing sich also der Hauptbeschwerdeführer ein, damit war der Kreis geschlossen.

Die Begeisterung war im SKL nun nicht gerade hoch, als die Gruppe dort aufkreuzte. Der Chef, Genosse Generaldirektor Dr. Leo Muther, empfing sie mit einer zwiespältigen Haltung. Einerseits war er nicht begeistert davon, nun wochenlang Kritik an seiner Leitungstätigkeit zu hören, andererseits erhoffte er sich echte Unterstützung bei der Leitung des Kombinates und seines Stammbetriebes. Er war noch nicht lange im Amt, er hatte einen mittelgroßen Betrieb aus einem Plantief herausgeholt und auf eine Erfolgswelle gebracht. Und somit waren die entscheidenden Partei- und Wirtschaftsorgane der Meinung, dass er diesen Ritt mit dem SKL auch machen könnte. Doch dabei haperte es.

Sein Leitungskreis erwartete die Schiffbau-Gruppe mit Zurückhaltung. Nur einer davon zeigte Begeisterung – der Direktor für Ökonomie und Planung Jürgen Wollert.

Wollert kam auch aus dem Schiffbau und war vor etwa einem Jahr auf ähnliche Weise zum SKL gekommen, allerdings allein, und so fand er keine echte Bindung zu den einheimischen Leitern und meinte: Entweder bleibt ihr alle hier und wir bringen zusammen den Laden auf Vordermann oder ich kehre mit euch wieder zurück.

Die Tätigkeit der Gruppe kam so langsam in Gang.

Die Arbeitsplätze waren im Großen Sitzungszimmer eingerichtet, von dort starteten die Bearbeiter zu Gesprächen, dort werteten sie das Gehörte und Gelesene aus und brachten ihre Erkenntnisse zu Papier.

Die Unterbringung im Ledigenheim war primitiv, das Essen in der Kantine eben Kantinenessen. Freizeit war auf Grund fehlender Möglichkeiten kaum zu gestalten für die Gruppe. Das Drumherum war äußerst verbesserungswürdig, doch niemand protestierte.

Die Sonderstellung von Kurt Dettmann wurde bald deutlich. Er fuhr nicht mit dem Zug, er fuhr mit seinem Dienstwagen mit Fahrer, wohnte auch nicht im Ledigenheim, dafür in einem Hotelzimmer in der Innenstadt. Anwesend war er auch nicht ständig in der Gruppe, er ging eigene Wege.

Die Gespräche verliefen besser als vermutet. Alle waren daran interessiert, die Aktion bald zu beenden. Die Magdeburger wollten wieder unter sich, die Rostocker und Stralsunder bald wieder zu Hause sein.

Das Problem Termintreue bei der Auslieferung von Motoren entpuppte sich bald als Problem

Produktionsplanung und Produktionsleitung. Die Planungsunterlagen ersetzten die Obermeister und Meister in der Produktion durch Zurufe und durch ihre Notizen in ihren Taschenbüchern. Dazu kam ein laxer Umgang mit der Arbeitszeit. Grohmann lernte bald den Spruch kennen: Freitags ab eins macht jeder seins, aber in Magdeburg an der Elbe schon ab zwölbe!

Seine Aufgabe Motorenprogramm ging Grohmann an, indem er Gespräche mit Konstrukteuren, mit Entwicklungs- und Konstruktionsleitern, mit Ingenieuren aus den Bereichen Absatz und Kundendienst führte. Welch ein Reichtum an Ideen kam ihm da entgegen. Daraus hätte man mehrere Programme entwickeln können.

Er besuchte das Wissenschaftlich-Technische Zentrum Dieselmotoren in Roßlau und sprach nicht nur mit dem Direktor Rudi Sperber. Ein gleiches Ergebnis mit Vorschlägen zur Umgestaltung der Programme erhielt er dort.

Und dazu wurde ihm oft ein Name genannt: Ingenieur Hans Stander.

Grohmann hatte ihn bisher nicht getroffen.

„Wo finde ich euren Hauptentwickler?", fragte er Schallenberg, den Direktor für Erzeugnisentwicklung und damit seinen direkten Gesprächspartner.

„Den haben wir ausgelagert", antwortete der, „der gute Hans stört einfach den normalen Ablauf hier, jetzt hat er ein Büro im Stadtzentrum, dort kann er und hier können wir in Ruhe arbeiten."

Für den Besuch dort nahm sich Grohmann viel Zeit.

Das Büro war nicht groß, Stander arbeitete dort gemeinsam mit einer Zeichnerin. Der Raum wurde beherrscht von zwei Zeichenmaschinen, dazu von zwei Schreibtischen und einer Menge an Regalen und Ablagen, und überall Zeichnungen über Zeichnungen, ausgebreitet, gefaltet, gerollt.

Stander begrüßte seinen Besucher zurückhaltend und schickte die Zeichnerin mit einer Besorgung fort. Er bot Kaffee an und wies auf einen Stuhl. Von der Arbeitsgruppe des Schiffbaus hätte er gehört, er könne sich keinen rechten Vers darauf machen, erklärte er.

„Wenn ihr wieder nur eine Art von Beschleunigern seid, die nur ‚höher, schneller, weiter' fordern, dann wird wohl nicht viel herauskommen", so seine Anfangsbemerkung. Grohmann bemühte sich, die Aufgabe sachlich darzustellen und zu begründen und bemerkte schon an der Haltung seines Gegenübers, dass so etwas wie Verständnis und auch Zustimmung entstanden.

Beim Thema Motorenprogramm sprang Stander auf und warf krachend einen Stapel Mappen und Zeichnungen auf den Tisch. „Hier, such dir aus, was du haben willst, ganze Programmreihen kann man daraus machen", rief er. Es brach förmlich aus ihm heraus, wie er sich seit Jahren bemühte, Bewegung dahinein zu bringen, doch alles vergeblich bisher.

„Seit Jahrzehnten bauen wir praktisch den gleichen Motor für die Russen, stell dir vor, etwa vierzigtausend Stück haben wir geliefert, und es sollen immer mehr werden, damit sind sie vertraut, sagen sie, den kennen sie, haben sogar Werke für Ersatzteile gebaut, die wir nicht liefern könnten, alles paletti, und wir verharren in der Vergangenheit! Der Kunde ist König, sein Plan ist Gesetz. Die Russen hemmen jeden Fortschritt bei uns", redete er sich in Rage, „sie stehen auf der Bremse!"

Grohmann hatte mit Erstaunen zugehört. „Du hast ja Recht, aber der Plan ist bei uns nun einmal Gesetz, und mit dem Kopf durch die Wand kommst du nicht." Ihm wurde klar, weshalb Stander in seinen Elfenbeinturm geschickt wurde. Und er musste sich eingestehen, dass er ähnliche Gedanken auch schon einmal gedacht hatte.

„Aber es ist ja nicht nur bei uns so", fuhr Hans Stander fort, „schau dich doch um, wir betreiben technische Monokulturen und liefern Massenprodukte, Werkzeugmaschinen noch und noch, fünf Kombinate haben wir allein für Werkzeugmaschinenbau, wer außer den Russen braucht so viele Drehbänke und Fräsmaschinen und andere Erzeugnisse auf dem Gebiet? Wo bleibt aber der Fortschritt? Und der Schienenfahrzeugbau, Waggonbau wohin du schaust!"

Zur Beruhigung wollte Grohmann erläutern, dass es im Schiffbau auch nicht besser bestellt sei. „Das Dieselmotorenwerk baut den einen Motor auch schon seit 15 Jahren, nur weil auch hier die Sowjets nichts anderes wollen, und von den Schiffen aus den Großserien für die SU kannst du keines in den Westen verkaufen, selbst die eigene Reederei nimmt solch ein Schiff nicht."

Und als Grohmann die Erlebnisse mit den Motoren auf den Volksmarineschiffen zum Besten gab, platzte es aus Stander heraus: „Was machen die Russen nur? Diese Motoren haben sie überhaupt nicht entwickelt, das sind in der Regel solche, die aus den dreißiger Jahren stammen und die sie im Spanischen Bürgerkrieg erbeutet und nachgebaut haben, aber nichts an eigener Entwicklung und trotzdem alles geheim!

Dann zeigte er auf ein Fachbuch, Titel „Motoren mit innerer Verbrennung-Dieselmotoren", Autor Wanscheid, Leningrad, Übersetzung aus dem Russischen, Verlag Technik Berlin. „Wir leugnen unsere eigene Geschichte und veröffentlichen das auch noch", legte er los und schlug das Buch auf, „hier, im ersten Kapitel kannst du lesen, dass dieser Motor gar nicht Dieselmotor heißen kann, und die Russen nennen ihn auch nicht so, denn fast alle speziellen Abläufe und technischen Lösungen wurden nicht von Rudolf Diesel, sondern von armen russischen Technikern lange vorher erfunden, aber die reaktionäre Zarenregierung hat es verhindert und so weiter." Grohmann nickte, er kannte das Buch vom Studium her, dieses Kapitel hatte zu seiner Studienzeit schon erhebliche Diskussionen zu diesem Kapitel ausgelöst.

Das Gespräch ging weiter und streifte auch die Rolle der deutschen Spezialisten für Raketen- und Flugzeugbau, die nach dem Krieg einig Jahre mehr oder weniger freiwillig „bei den Freunden" gearbeitet hatten.

„Und in Sachsen war einmal ein Zentrum des Fahrzeugbaus, was ist daraus geworden? Und der Flugzeugbau in Dessau und in Rostock, nichts mehr. Ich sehe kaum ein Gebiet, auf denen die Russen echte Fortschritte aus eigener Kraft erzielt haben, Schöpfertum stelle ich mir anders vor; und die DDR-Wirtschaft haben sie so aufbauen lassen, wie sie sie brauchen; und ich sage dir, das kann nicht gut gehen auf Dauer, lass nur etwas passieren in der SU. Was der Neue dort vorhat, das weiß noch keiner, wenn sich dort sich etwas ändert, dann sitzen wir aber da mit unserer einseitig ausgerichteten Wirtschaft und mit Erzeugnissen, die sich nicht woanders hin verkaufen lassen."

Er winkte ab. Nach einer Weile hatte es sich wieder beruhigt.

„Ich rege mich nicht so auf", wollte Grohmann ihn wieder aufrichten, „alle machen doch mit, kämpfen alle um den Titel Kollektiv der sozialistischen Arbeit, gewinnen jedes Jahr, bekommen Urkunden, Prämien und Orden, einige werden sogar zu Helden ernannt, Helden der Arbeit."

„Ja, an Orden, Medaillen und Ehrenzeichen fehlt's nicht im Revier, ich habe mich mal schlaugemacht im Lexikon, etwa 90 solcher Auszeichnungen gibt es in unserer stolzen Republik, einige sogar in drei Stufen, da ist es kein Wunder, dass verdiente Bürger zu Festtagen aussehen wie Sowjetmarschälle, behangen von oben bis unten."

„Und Helden, von ‚Held der Deutschen Demokratischen Republik' bis zum Helden der Arbeit. Ein kluger Mensch hat mal gesagt, dass es um den Staat schlecht bestellt wäre, der Helden nötig hat. Bist du auch ein Held?", wollte Grohmann wissen.

„Nee, bis zum Aktivisten habe ich es mal gebracht, war wohl nicht zu vermeiden", war Standers Antwort.

„Irgendwann muss man sich das alles einmal von der Seele reden", meinte er leise.

Grohmann verabschiedete sich. „Ja, das muss auch mal sein, mach's gut weiterhin" und ihm war klar, weshalb Stander in seinem Elfenbeinturm saß.

Nach einer Beratung in der Arbeitsgruppe nahm Dettmann ihn zur Seite und lud ihn zu einem Abendessen in einem Restaurant ein. „Wir müssen etwas besprechen, nur wir beide", ließ er mit wichtiger Miene wissen und legte nach: „Leo Muther will hinschmeißen, seinen Rücktritt vom Posten Generaldirektor erklären, er hat mir gesagt, dass er diese Aufgabe nicht erfüllen könne, sein Rücktrittsschreiben hätte er schon länger im Schreibtischfach liegen."

Grohmann verbarg sein Erstaunen nicht, doch so wackelig hatte er die Position von Muther nicht gesehen.

Im Restaurant setzte Dettmann das Gespräch fort. „Muther hat auch einen Konkurrenten, der seine Nachfolge antreten will – sein Parteisekretär will, hat aber keine Chance!" Er nahm einen kräftigen Schluck Bier und schaute Grohmann mit konzentriert an. „Seinen Rücktritt hat er nur noch nicht vollzogen, weil die Partei ihn zum Delegierten des Parteitages ausersehen hat, aber seinen

Parteisekretär auch, beide müssen noch gewählt werden von der Bezirksdelegiertenkonferenz."

Für Grohmann waren es schon Neuigkeiten, aber was sollte er damit anfangen?

„Na, ja, wenn der Parteitag vorbei ist, kann er es auch nicht besser", setzte Kurt fort. Schweigend aßen sie weiter.

„So, nun kommt das, was ich dir eigentlich sagen will – ich bleibe hier im SKL, du bleibst hier und" – er nannte noch zwei Namen – „bleiben ebenfalls hier, und wir werden das Kombinat aus dem Schlamassel herausführen."

Bong – das hatte gesessen – alles klar, Kurt wollte Generaldirektor werden.

Die weiteren Worte bekam Grohmann gar nicht mit, in seinem Kopf ging nur der Gedanke um: Das wird nichts, jedenfalls nicht für ihn, wenn er an seine Familie dachte, an sein Umfeld und andererseits so von oben in ein fremdes Kombinat eingebracht zu werden, das war nicht sein Stil. Aber nun wurden einige Andeutungen klar, wie: Neue Besen wollen gut kehren und der Schiffbau will es richten.

Es war nicht klar, mit wem Kurt Dettmann unter tiefster Verschwiegenheit noch von seinem Vorhaben gesprochen hatte. Es musste sich aber verbreitet haben, denn plötzlich war Herbert Muldenthal, sein Hauptpartner bei SKL als Direktor für Erzeugnisentwicklung, nicht mehr für Grohmann zu sprechen, er war nicht da, hatte eine wichtige Beratung, war auf Dienstreise, war außer Haus – so ging das tagelang. Dann trafen sie sich zufällig auf einem Flur.

„Herbert, was ist los, warum kommen wir nicht mehr ins Gespräch?"

„Ich mit dir reden? Warum sollte ich, du willst doch nur meinen Stuhl haben."

Und Muldenthal ließ ihn stehen. Es dauerte ein paar Tage, erforderte ein längeres Gespräch und kostete eine

Flasche Weinbrand, ehe Grohmann ihm klar machen konnte, seinen Stuhl nicht zu wollen. Sollte allerdings die Mutter Partei mit Parteiaufträgen kommen, dann könnten er und ich nichts dagegen tun, das sah er ein, und das Verhältnis war wieder klar.

Dettmann zu Grohmann: „Wir beide nehmen an der nächsten Sitzung der Kombinatsleitung teil. Du bringst mich mit den Betriebsdirektoren von Halberstadt, von Bannewitz und vom WTZ Roßlau in Kontakt, die kennst du besser als ich", und so geschah es. Es war zu bemerken, wie intensiv Dettmann mit den Betriebsdirektoren sprach, welche meist nur stumm zuhörten.

Die Tätigkeit der Arbeitsgruppe ging im April dem Ende zu, einzelne Berichte lagen bereits vor.

Die Parteitagsdelegierten wurden mit dem üblichen Trara zum Parteitag verabschiedet und danach später wieder empfangen. Doch die Frage nach der Spitzenposition im Kombinat hatte sich nicht geklärt.

Doch in einem Punkt schon: Der Parteisekretär hatte keine Ambitionen mehr auf den Posten, in Berlin hatte man ihm klargemacht, dass er Parteiarbeiter an der ideologischen Front war und bleiben sollte.

Dettmann rief eines Tages den Genossen Schulz, Direktor für Ökonomie der Volkswerft Stralsund, und Grohmann zu sich und teilte mit, dass er am nächsten Tag einen Gesprächstermin beim Ersten Sekretär der Bezirksleitung der SED Magdeburg, Genossen Werner Eberlein, habe und sie ihn begleiten sollten.

Genosse Werner Eberlein war der Sohn des Kommunisten Hugo Eberlein, der in der SU in der Leitung der KPD mitgearbeitet hatte und den dreißiger Jahren Stalins „Säuberungen" zum Opfer fiel. Nun in der DDR war Werner Eberlein Dolmetscher für die Parteiführung bekannt geworden, wenn er mit markanter Stimme simultan und lautstark vom Russischen ins Deutsche übersetzte. Und jetzt war er Parteichef in Magdeburg.

Er empfing zusammen mit einem Mitarbeiter Dettmann und seine Begleiter in seinem Arbeitszimmer, ließ Kaffee servieren und gab Dettmann das Wort.

Mit wohlgesetzter Rede schilderte Kurt die vorgefundene Situation im SKL, die daraus entstandenen Probleme bei den Folgebetrieben und die Ergebnisse der Arbeitsgruppe. Seine Ausführungen schloss er mit den Worten: „Wir sind überzeugt davon, dass mit unseren Vorschlägen zur Verbesserung der Leitungstätigkeit unter Einbeziehung der dazu fähigsten Genossen ein Umschwung im Kombinat erreicht wird, und zur Erreichung eines Kollektivs fähiger Leitungskader schlagen wir vor, folgende Funktionen neu zu besetzen, das betrifft an der Spitze die des Generaldirektors, dann die des Direktors für Ökonomie, dann für Forschung und Entwicklung, dann …"

Eberlein hatte mit unbeweglicher Miene zugehört. Als Kurt Dettmann seinen Vortrag beendet hatte, beugte er sich etwas vor und sah den Sprecher eine Weile an und sagte:

„Weeßte, Jenosse Dettmann, ihr habt mit eurer Arbeitsgruppe jute Arbeit jeleistet, det muss man sagen, und die Vorschläge wer'n die Jenossen ooch richtig auswerten und anwenden."

Eine Pause folgte.

„Aber mit Ablösung und Neubesetzung wird nischt erreicht, wir soll'n lieber die Jenossen im Kombinat dazu bringen, eure Vorschläge umzusetzen, det is realer."

Der Gesichtsausdruck von Dettmann wurde bei diesen Worten immer verschlossener, sein Kopf sank tiefer, er sah auf die Tischplatte vor sich.

Das Gespräch war beendet, Dettmann bedankte sich kurz für die Bereitschaft des Genossen Erster Sekretär, ihre Ergebnisse entgegenzunehmen und verabschiedete sich knapp. Die Begleiter konnten kaum so schnell folgen.

Auf der Rückfahrt war Schweigen im Auto. Die Begleiter wurden im SKL abgesetzt, Dettmann brauste davon.

„Das war's wohl mit Magdeburg", meinte Grohmann. Der Stralsunder Ökonom schüttelte nur mit dem Kopf und ging davon.

Die Arbeitsgruppe fiel danach praktisch auseinander. Zwei Kollegen erledigten die redaktionellen Restarbeiten, die anderen kehrten in ihre Betriebe zurück.

Und was passierte mit dem Inhalt des Berichts? An die Öffentlichkeit drang nichts.

Halt, doch: Bei einem späteren Besuch im SKL meinte der Chefkonstrukteur Arno Blume zu Grohmann: „Gar nicht so verkehrt, was du zum Bauprogramm aufgeschrieben hast!"

Auch Kurt Dettmann kehrte auf den Posten des Werftdirektors der Volkswerft zurück. Zu dieser Zeit war ein genereller Wechsel im Bauprogramm der Werft geplant. Das künftige Hauptprodukt sollte das bisher größte Schiff, der Fabriktrawler 488 werden. Nur bei der Planung der künftigen Fertigung unterliefen der Werft große Fehler mit der Folge, dass die geplante Anzahl von Schiffen pro Jahr nicht erbracht werden konnte. Selbst das Planabkommen mit der SU musste korrigiert werden. Das war ein gravierender Fehler in den Augen der Staatlichen Plankommission. Diesmal musste wirklich einer gehen: Direktor Dr. Kurt Dettmann wurde „in die Wüste" geschickt.

Kapitel 6

Auch im Westen kocht man nur mit Wasser, und unser Rezept taugt ebenfalls nichts

Nach einer gewissen Zeit der normalen Tätigkeit in seiner Abteilung Maschinenanlagen meldete sich der Außenhandelsbetrieb Schiffscommerz und teilte Grohmann mit, dass er nach Weisung des Generaldirektors in einer Untersuchungsgruppe mitwirken sollte. Es waren Probleme auf dem Fährschiff „Rügen" aufgetreten.

Das Schiff gehörte dem Fährschiffsamt Saßnitz der Deutschen Reichsbahn und war auf der Schiffswerft Neptun gebaut worden. Die Antriebsmotoren wurden von MAN Augsburg importiert, somit kam Schiffscommerz mit in das Spiel.

Die Importe wurden deshalb vorgenommen, weil auf den früheren Fährschiffen „Warnemünde" und „Saßnitz", ebenfalls von der Neptunwerft gebaut, die Motoren vom Maschinenbau Halberstadt eingesetzt wurden und eine Reihe von Problemen bereiteten. Deshalb also der Import von einer Weltfirma – Original MAN – deren Erzeugnisse sind viel besser als die aus Halberstadt, mit Importmotoren können wir einen ungestörten Fährbetrieb garantieren, war das Fährschiffsamt der Meinung.

Aber nun hatte diese Motoren ebenfalls Probleme, und zwar schwerwiegende. Es traten an den Motorengehäusen Risse auf, genau an der Stelle, an der die Neun-Zylinder-Maschinen eine verschraubte Trennfuge hatten, eigentlich eine normale Lösung und bei anderen Erzeugnissen mit hohen Zylinderzahlen auch üblich.

Es waren die Ursache der Rissbildung zu ermitteln und abzustellen sowie solche Maßnahmen zu erarbeiten, die künftig Rissbildungen vermeiden sollten.

Die Untersuchungsgruppe traf sich in Saßnitz und wurde in der Bungalowsiedlung des Fährschiffsamtes untergebracht. Dort fanden auch die Beratungen statt. Die Bungalows waren schwedischen Ursprungs, sie waren von der Firma, die den Fährhafen umgebaut hatte, für ihre Angestellten gebaut worden, sie blieben in Saßnitz stehen, hatten ein hervorragendes technisches Niveau und ein angenehmes skandinavisches Ambiente.

Mitglieder der Gruppe waren außer Angehörigen des Fährschiffsamtes der Mitarbeiter von SC, Kollege Freitag, Dr. Grohmann, Kombinat Schiffbau, Professor Gatter von der TH Magdeburg (Motoren), Professor Grün von der TH Karl-Marx-Stadt (Statik und Dynamik/elastische Lagerung) und Kollege Reimar Gutknecht (WTZ Dieselmotoren Roßlau). Diese Zusammensetzung hatten die Kollegen des Fährschiffsamtes gewählt, weil die Motoren im Mittelpunkt standen und dazu die elastische Lagerung der Motoren von ihnen als die Ursache für die Schäden eingeschätzt wurde. Vor allem das Bordpersonal war diese Art der Motorenaufstellung nicht gewohnt, und die Motorenbewegungen auf der Lagerung bei bestimmten Fahrstufen waren ihnen nicht geheuer.

Chef des Fährschiffsamtes, Amtmann Dobbert, sprach zu Beginn erst einmal eine Begrüßung aus. „Liebe Kollegen, wir sind in einer ernsten Lage, wir können unsere Verpflichtungen im Rahmen des Abkommens mit der Schwedischen Bahn bald nicht mehr erfüllen, wenn unser Schiff wieder ausfällt, aber noch wichtiger für uns ist es, die Ursachen für die Risse zu ermitteln, denn sie treten schon zum zweiten Mal auf."

Erstaunen auf der Seite der eingeladenen Experten.

„Ja, bereits nach kurzer Zeit nach Indienststellung des Schiffes sind bereits Risse sichtbar geworden, an der gleichen Stelle wie jetzt; das Amt ist dann direkt an MAN herangetreten, und MAN hat erklärt, dass nach einer Änderung an den Maschinen durch ein Versehen nicht die verstärkten Zylinderblöcke eingesetzt wurden, MAN würde auf seine Kosten das Schiff in die Werft nach Hamburg holen und dort die Umrüstung vornehmen. Das ist auch passiert, aber nun haben wir wieder Risse, an den verstärkten Blöcken, an gleicher Stelle", so der Leitende Ingenieur des Schiffes.

„Dann liegt es aber nicht an den Blöcken", brummte Gutknecht und blickte Grohmann, der neben ihm saß, an.

„Was belastet die aus Grauguss bestehenden Blöcke auf Biegung?", flüsterte der zurück. Gutknecht nickte dazu.

Dobbert meinte: „Ehe wir uns in theoretische Bereiche begeben, gehen wir alle auf das Schiff und machen eine Hin- und Rückreise Trelleborg-Saßnitz mit und können alles anschauen, die Besatzung befragen; wir haben mit den Behörden alles geklärt, so dass die Mitfahrt möglich ist."

Auf Sonderwegen wurde die Gruppe an Bord geschleust und in den Maschinenraum gebracht. Es ist schon ein beeindruckendes Erlebnis, einen Raum mit vier großen Motoren von je fünftausend PS zu erleben. Nach dem Start zeigten sich an den Trennfugen der Blöcke schmale Risse von wenigen Millimetern bis zu einem Zentimeter Länge, in dem ein schmaler Ölfilm sichtbar wurde. Weitere Erkenntnisse brachte die Mitreise nicht.

In der Zusammenkunft der Gruppe am nächsten Morgen trat als Erster der Professor aus Karl-Marx-Stadt an. In wohlgesetzten Worten und unterstützt durch viele Zitate erläuterte er die Wissenschaft von den elastischen Lagerungen, er meinte jedoch, dass diese Lagerung die

Ursache für die Risse nicht sein könnte. Nächster Redner war der Magdeburger Professor, und er durchpflügte die Welt der äußeren und inneren Kräfte in einem Kurbeltriebwerk, der ausgeglichenen und der nicht ausgeglichenen Belastungen, der Zündfolgen und der möglichen Schwingungen – aber einen Hinweis auf die Ursachen der Risse hatte er auch nicht. Die Diskussion zwischen Wissenschaft und Fährschiffsamt wogte hin und her.

Gutknecht nickte Grohmann zu und wies kurz auf die Tür – „Komm mal mit raus."

„So kommt kein Ergebnis zu Stande", meinte er, „da ist doch sicherlich eine Unwucht im Spiel, was meinst du?" – „Das glaube ich auch." „Ich werde unsere Meinung darlegen, oder?" „Mach das, und erkläre den Begriff Unwucht und seine Folgen." – „Genau so."

Gutknecht meldete sich zu Wort: „Wir beide", und er zeigte auf Grohmann und auf sich, „sind der Meinung, dass die Ursache für die Risse nur darin liegen kann, dass das Triebwerk nicht völlig ausgewuchtet ist und die Restkräfte die Ursache sind."

„Aber die Kurbelwelle hat doch Ausgleichsmassen an jedem Hub", meldete sich der Chief.

„Die Massen reichen nicht aus, sie sind offenbar nicht groß genug", war die Antwort.

„Und diese Ursache erklärt auch, weshalb zwei verschiedene Blöcke gerissen sind, MAN kann noch so viel wechseln; wenn die Ursachen nicht ausgeräumt werden, reißt jeder Block früher oder später", ergänzte Grohmann und fuhr fort: „Das ist unsere Vermutung, man muss natürlich dafür einen Beweis führen, das heißt, man muss messen und man muss rechnen."

Es wurde etwas still im Raum.

„Eigentlich logisch", tönte es aus der Ecke des Fährschiffamtes.

Die beiden Professoren tuschelten miteinander. Gatter stand auf und meinte, dann sei ihr Wissen wohl nicht mehr gefragt. Sie packten ihre Sachen ein, verabschiedeten sich und fuhren ab.

Nach kurzer Verständigung erklärte sich Schiffscommerz bereit, mit dem Fährschiffsamt die nötigen Schritte zur Absicherung von Messungen und Rechnungen zu unternehmen. Die Dauer der Vorbereitungen, der Messungen und Rechnungen sowie der Auswertungen wurde mit etwa drei Wochen eingeschätzt, so dass dann in etwa vier Wochen neue Beratungen mit der MAN erfolgen könnten. Damit war die Tätigkeit der Arbeitsgruppe erst einmal beendet.

Es war Abend geworden. Grohmann und Freitag waren übereingekommen, nun nicht mehr nach Rostock zurückzufahren, lieber morgen früh erst. Sie nahmen sich ein Bier und redeten über dies und das. Grohmann wollte die Gelegenheit beim Schopf packen und etwas mehr über die Tätigkeit von SC im Detail erfahren. Irgendwie kam einem Außenstehenden das alles wie etwas verschleiert vor.

„Zu welchen Bedingungen verkauft ihr z. B. ein Schiff in das NSW, das in der Werft zum Inlandspreis, sagen wir mal mit 100 Millionen Mark, der ja vom Amt für Preise bestätigt wurden, zu Buche steht?" Er druckste erst herum, dann kam die Antwort: „Zunächst bekommt die Werft, die das Schiff an SC verkauft, die einhundert Millionen Mark, damit ist der innere Kreislauf gesichert. Nach von oben festgelegten Regelungen ist für den Außenverkehr die DDR-Mark gleich Mark, also D-Mark gleich DDR-Mark, doch weil das in der Realität nicht so ist, hat man die Valutamark erfunden und der D-Mark gleichgesetzt. Dann gilt der offizielle Umrechnungskurs US-Dollar zu Valutamark mit eins zu eins Komma fünfundachtzig. Das Schiff kann man im Mittel mit einem Preis von zirka zehn bis elf Millionen Dollar verkaufen auf dem westlichen Markt, dafür erhält man dann etwa zwanzig Millionen Valutamark. Nun wird dieser Betrag innerhalb der DDR mit Hilfe eines Richtungsfaktors in Höhe von dreihundertvierzig Prozent des Betrages, also mit achtundsechzig Millionen Mark aufgewertet, ergibt zusammen achtundachtzig Millionen Mark, die uns, also SC, gutgeschrieben werden. Es verbleiben bis zum Inlandspreis von einhundert Millionen noch zwölf Millionen, die werden über den Staatshaushalt ausgeglichen, so ist die Sache rund – in den Büchern."

Grohmann kam ins Grübeln. „Die achtundsechzig Millionen nach dem Richtungskoeffizienten trägt doch auch der Staat?"

„Natürlich, aber so funktioniert nun einmal unser Geschäft."

„Zehn Millionen Dollar oder etwa 18 Millionen D-Mark zu einhundert Millionen DDR-Mark, was ist denn das für ein Ergebnis?"

„Als der so genannte Valutagegenwert, also achtzehn zu einhundert gleich null Komma eins acht, das ist doch noch gut, was denkst du, wie andere DDR-Waren im Westen gehandelt werden? Null Komma eins ist oft das Ergebnis."

„Aber die zehn bis elf Millionen Dollar erhält die Bank für Außenwirtschaft sofort?"

„Wenn es mal so wäre", brummte er, „heutzutage muss man sich immer auf Kreditgeschäfte einlassen, bar sofort, also Cash, zahlt niemand mehr."

„Und wie funktioniert so etwas?", wollte Grohmann wissen.

„Zwei Möglichkeiten hat man geschaffen. Da haben wir zunächst das Verfahren, das man Forfaitierung nennt und das bedeutet, dass man seine Kreditforderungen, die der Kunde zu zahlen hat, an einen Dritten, an eine Bank zum Beispiel, abtritt und unter Inkaufnahme von Abschlägen, denn die Bank will ja auch verdienen, so in Höhe von zwanzig bis vierundzwanzig Prozent, sich Schiffscommerz in diesem Fall die verbleibende Summe sofort auszahlen lässt."

„Also büßt die DDR noch einmal zwei Millionen ein und erhält nur acht."

„Richtig, aber sofort, darauf kommt es unserer Obersten Führung an. Und beim anderen Verfahren muss SC eine Firma im westlichen Ausland finden, die das im Bau befindliche Schiff bereits übernimmt und dieses sofort an die Deutsche Seereederei der DDR verchartert. Die DSR bringt das Schiff in Fahrt, kann die Betriebskosten in DDR-Mark bezahlen und nimmt im NSW Devisen ein, zahlt damit die Charterraten an den westlichen Übernehmer und führt einen Überschuss an den Staat DDR ab. Der Schiffbau hat damit Export in das NSW getätigt, nimmt Devisen ein, der Übernehmer zahlt langfristig seine Kredite ab, und alle verdienen."

Es trat Stille ein zwischen den beiden Diskutierern.

„Und so wollen wir den Sozialismus aufbauen? Beispielhaft für die Welt?"

„Das musst du doch viel besser wissen", gab Freitag zurück, „wie ich hörte, warst du doch auf der Parteischule und hast den Sozialismus in den Farben der DDR und besonders die Politische Ökonomie des Sozialismus studiert."

„Ach, die Parteischule, das war vielleicht ein Reinfall für mich, ich dachte, dort mit Gleichgesinnten fern der Öffentlichkeit auch einmal kritische Fragen oder Probleme diskutieren zu können, gedanklich experimentieren, aber denkste. Die gleichen Themen wie früher beim Studium im Pflichtfach Marxismus – Leninismus, nur etwas formaler, so etwas wissenschaftlich gehobener; das mochte einen Genossen Traktoristen aus einer LPG von der Insel Rügen oder einen Schweißer der Elbewerft Boizenburg beeindrucken, doch die meisten Teilnehmer kamen aus Leitungskreisen von Betrieben, von der Seereederei oder vom Fischkombinat, aus Verwaltungen, für die alle waren das Wiederholungen oft gehörter Thesen, aber dafür musste alles Gehörte buchstabengetreu nachgeplappert werden, nichts von echten Diskussionen oder gar Streitgesprächen, nur Linientreue war gefragt."

„Und keine Erkenntnisse in zehn Monaten gewonnen?", fragte Freitag zurück.

„Doch, für mich stand nach diesem Schulbesuch fest, dass es ideologisch so nichts wird, dass es ideell so nicht gehen kann mit dem Aufbau einer sozialistischen Gesellschaft, wie sie der politischen Führung vorschwebt. Und andererseits kam mir ein Spruch in den Sinn, den ich irgendwo gelesen hatte und den ich nur mit meinen Worten wiedergeben kann: Ändere das, was du zu ändern vermagst, lass die Finger von Dingen, die du sowieso nicht ändern kannst und versuche, die richtige Entscheidung dazwischen zu treffen." Und dann erzählte Grohmann von dem Ausruf des Parteisekretärs in der S-Bahn.

Freitag schaute ihn an und schwieg.

Nach den drei Wochen lagen die Messungen an Bord und die Ergebnisse der Nachrechnungen vor und waren eindeutig. Die Unwuchten der nicht ausreichend ausgeglichenen Massen ergaben freie Kräfte, die das Motorengehäuse wechselweise auf Biegung beanspruchten, die Ursache für die Rissbildung war gefunden.

Die Beratung mit MAN stand an und wurde nach Abstimmung zwischen Fährschiffsamt und Schiffscommerz dem Kombinat Schiffbau, speziell dem Direktor für Außenwirtschaft übertragen. Grohmann wurde mit einbezogen. Die MAN-Vertreter waren durch die Vorlage der Mess- und Berechnungsergebnisse überrascht und baten darum, Kopien davon zu erhalten zur Prüfung und Stellungnahme. Damit war die erste Beratungsrunde schon beendet, die Fortsetzung war für eine Woche später vereinbart worden.

Zur nächsten Runde erschien MAN in großer Besetzung. An der Spitze stand Herr Adolf Schiff, Mitglied im Vorstand. Die Beratungen waren von kurzer Dauer. MAN erkannte Messungen und Rechnungen an, damit auch die Ursache der Rissbildung und den Fehler hinsichtlich der Ausgleichsmassen. Eine Erklärung konnten sie nicht abgeben, wann und wo und durch wen die Montage der falschen Ausgleichsmassen vorgenommen wurde.

Die Abstimmungen hinsichtlich der erneuten Werftliegezeit des Schiffes und der erneute Wechsel der Motorengehäuse und der Ausgleichsmassen waren nun Angelegenheit zwischen MAN und Fährschiffsamt. Die Kosten waren erheblich, wurden im Rahmen dieser Runde nicht weiter erörtert.

Herr Schiff hatte sich am Rande durch kleine launige Erzählungen um eine gute entspannte Atmosphäre bemüht, und so kam es auch zu einer Einladung zum Abendessen in einem Spezialitätenrestaurant in der Schillerstraße in Warnemünde.

„Welche Stube wünschen Sie", wurden die Westdeutschen gefragt, „wir hätten da die skandinavische, die ungarische, die asiatische, die kubanische, die russische."

„Ja, die, die möchten wir besuchen, so mit Borschtsch, Pelmeni und Wodka."

Es wurde ein gemütlicher Abend, mit viel Essen und Trinken, mit viel Erzählen und auch viel Geigenspiel. Der Stehgeiger aus der ungarischen Stube, in der nicht viel los war, kam kurz in die russische und geigte und geigte. Zu allem Unglück schob Herr Schiff dem Czardasfürsten einen 10-DM-Schein unter die Saiten seiner Geige, und so wurden sie ihn nur mit Mühe wieder los.

Herr Schiff erzählte begeistert von seiner Donaukreuzfahrt von Passau über Österreich, Tschechoslowakei, Ungarn, Jugoslawien, Bulgarien und Rumänien bis in das Donaudelta und zurück.

„Und besonders habe ich die Werften am Ufer der Donau beobachtet, aber auf den osteuropäischen Werften ist nicht viel los", meinte er.

„Wir machen keine Flusskreuzfahrt auf der Donau, wir fahren auf der Warnow von Rostock nach Warnemünde, auf der Spree in Berlin von Treptow zum Müggelsee oder auf der Elbe von Dresden nach Riesa und nach Bad Schandau, eventuell auch nach Prag", ergänzte einer aus der Runde. „Allerdings, wer Glück hat, der kommt vielleicht einen Platz auf einem Schiff in der Sowjetunion und macht eine Wolgareise, aber das ist die Ausnahme."

So ging der Abend zu Ende.

Das Fährschiff Rügen war bis 2005 ohne weitere Probleme im Dienst.

In der Abteilung hatte Klaus inzwischen eine neue Aufgabe für die Abteilung Maschinenanlagen in der Beratung beim Hauptabteilungsleiter übertragen bekommen. In der Kommission für die Vermeidung/Ablösung von Importen aus dem „Nichtsozialistischen Wirtschaftsgebiet NSW" war diskutiert worden, dass immer häufiger Anträge gestellt werden für die Bestätigung von Importen von Plattenwärmeübertragern.

Diese Geräte wurden allmählich in fast allen Anlagen eingebaut, die mit Wärme, also mit Heizung oder Kühlung, zu tun hatten. Die bisher üblichen Wärmetauscher mit vielen Rohren benötigten viel mehr Raum und waren nur sehr aufwendig zu reinigen und zu reparieren. Die neuen Geräte waren einfach vorteilhafter, und so gingen fast alle Kunden davon aus, diese Lösungen auf ihren Schiffen vorzufinden.

„Also, auf ein Neues", gab Grohmann die Losung aus, „nun Wärmetauscher. du, Friedrich", und er zeigte auf Friedrich Grau, „Du machst die erste Übersicht über den aktuellen Stand, und du, Chris" und er zeigte auf Chris Hellmann: „Du hilfst dabei, also wie üblich: Wer baut, wie sehen die Dinger aus, welche speziellen Probleme sind dabei zu erkennen und so weiter – die erste Ausarbeitung legt ihr in einer Woche vor."

Grohmann war über Veröffentlichungen in der Fachpresse und nach einem Messebesuch über diese Entwicklungen schon im Wesentlichen informiert, ihm war bekannt, dass vor allem die schwedische Firma Alfa Laval und ein westdeutsches Unternehmen aktiv waren und die Werften und die Reeder mit Angeboten überhäuften und Ergebnisse mit Musteranlagen laut und deutlich propagierten. Ihm war schon bewusst, ohne die konkreten Ergebnisse von Grau und Hellmann zu kennen, dass ein Hauptproblem sein würde, einen Hersteller für derartige Geräte zu finden.

„Wir haben die uns zugänglichen Veröffentlichungen durchgearbeitet", legte Friedrich die Auswertungen vor, „und festgestellt, dass der konstruktive Aufbau relativ einfach ist. In einem Haltegerüst werden dünne Platten nacheinander so angeordnet und gegeneinander abgedichtet, dass zwischen ihnen Spalten bleiben, in denen die zu kühlende und die kühlende Flüssigkeit im Wechsel fließt. Problematisch sind dabei zwei Dinge: erstens der Werkstoff der Platten, es gibt sogar einen Hinweis auf Titan, und zweitens die Formen der Profilierungen, die auf den Platten angebracht sind, die nach den Unterlagen weitgehend patentiert sind." „Und das dritte Problem ist, einen Betrieb, ein Kombinat bei uns zu finden und zu verpflichten, derartige Geräte hier zu entwickeln und zu fertigen", ergänzte Klaus.

„Nur mit drei Problemen kann ich aber nicht im Kontrollrapport aufkreuzen, Erich Kleber schmeißt mich achtkantig raus, ein bisschen mehr muss ich schon bieten", so Grohmann, „deshalb machen wir Folgendes: Klaus bemüht sich um einen Nachweis der Bilanzverantwortlichkeit, vielleicht mit unseren Kaufleuten zusammen, Friedrich und Chris, ihr ermittelt weiter hinsichtlich Patente auf Lösungen zur Profilierung und ich werde mich wieder mit Dr. Heide zusammentun und mit ihm die Frage Werkstoffe diskutieren."

In der nächsten Runde gab es folgende Ergebnisse: Die Patente auf die Ausführung der Profilierung hatten einen großen Umfang angenommen, das Hauptpatent war von einem Kranz von Nebenpatenten umgeben. Die Profilierung stellte einen engen Zusammenhang zwischen Höhe des Wärmeüberganges und Höhe des Druckverlustes dar, das war für die Effektivität des Gerätes von ausschlaggebender Bedeutung. Hinsichtlich der Bilanz und der Verantwortlichkeit in der DDR war kein Ergebnis zu erzielen, die Produkte Plattenwärmetauscher gab es in der Aufstellung nicht.

„Ich hätte da vielleicht einen Hinweis," meldete sich der dicke Willy zu Wort, „ich glaube, irgendwo einmal gelesen zu haben, dass im Kombinat Landmaschinenbau ein Mähdrescher mit einer Klimaanlage ausgerüstet wurde, und in der Anlage ein solcher Wärmeübertrager eingebaut wurde."

„Also, Klaus, dann sieh` mal zu, was im Landmaschinenbau zu machen ist, aber die werden sich freuen, wenn du mit solchen Apparaten für den Schiffbau kommst."

„Und zu Werkstoffen lässt sich sagen, Heide bestätigt, dass Sonderwerkstoffe verwendet werden, zu denen wir überhaupt keinen Zugriff haben, er will aber mit seinen Kollegen Untersuchungen an Werkstoffen auf Basis spezieller Bronzen machen."

Mit diesem Arbeitsstand fand Grohmann im folgenden Importrapport bei Erich Kleber natürlich kein positives Echo. Er polterte los: „Du sollst mir nicht sagen, wie es nicht geht, du sollst mir sagen, wie es geht!"

Unabsichtlich rutschte Grohmann die Bemerkung über die Entwicklung des kleinen PWÜ im Kombinat Landmaschinen heraus. „Die nagelst du fest, die müssen ins Boot geholt werden", war Klebers Entscheidung.

Ein Schreiben an die Entwicklungsstelle des Kombinates Fortschritt Landmaschinen ergab eine mehr fragende als ablehnende Antwort. Als nächster Schritt folgte eine Entwicklungsforderung des Kombinates Schiffbau zur Entwicklung von Plattenwärmetauschern.

Entwicklungsforderungen waren ein typisches Produkt der DDR-Wirtschaft. Ein Unternehmen benötigt eine Zulieferung eines bestimmten Produkts und ist der Meinung, dass dieses Produkt von einem dazu verantwortlichen Betrieb entwickelt und geliefert werden müsste. Dieser Betrieb ist, anstatt dieses Produkt zu produzieren und anzubieten, der Meinung, dass er in keiner Weise verantwortlich sei, und lehnt Entwicklung und Lieferung ab, seine Pläne wären auch jetzt schon übervoll.

Eine trotzdem gestellte Entwicklungsforderung ist im sozialistisch-bürokratischen System ein notwendiger Schritt der Nachweisführung über erfolgte Schritte im Entwicklungssystem.

Die Antwort darauf war, wie vorhergesehen, eine Ablehnung. Gewisse Spielräume im Antwortschreiben gaben nun Anlass, eine Dienstreise nach Neustadt/Sachsen zu unternehmen, um auch im Gespräch das Problem zu erörtern. Das Ergebnis war eine umfassende Diskussion und endlich ein Differenzprotokoll, wieder eine typische Regelung in der Planwirtschaft Es treffen sich zwei seriöse, fachlich kompetente Partner und protokollieren, dass sie gemeinsam etwas nicht können.

Erich Kleber nahm dieses Protokoll wortlos im nächsten Rapport an. Folglich war die Position „Plattenwärmeübertrager PWÜ" eine Dauerposition im NSW-Rapport.

Kapitel 7

Feuer im Schiff und neue Kraftstoffe

In Zeiten normaler, planbarer Arbeit kämpfte Grohmann mit seinem Kollektiv natürlich, wie auch alle anderen, um den Titel „Kollektiv der sozialistischen Arbeit" mit dem Ziel, sozialistisch zu arbeiten, zu lernen und zu leben. Deshalb trafen sie sich im Garten von Klaus oder von Grohmann zum Grillen und zum Feiern, sie gingen gemeinsam zum Kegeln, wobei dem dicken Willy die Hosennaht aufplatzte, er aber tapfer bis zum Schluss seine Kugeln schob. Und sie kämpften natürlich auch um den Titel „Kollektiv der Deutsch-Sowjetischen Freundschaft", in dessen Rahmen einige von ihnen eine Ausstellung sowjetischer Bücher im Haus der Deutsch-Sowjetischen Freundschaft besuchte, das auf ihrem täglichen Weg zum Mittagessen lag und in das sie kurz eingekehrt waren. Der Besuch sowjetischer Bücher wurde sofort im Brigadebuch dokumentiert.

Aber dann schrillten im Kombinat Schiffbau wieder die Sirenen: Feuer im Schiff! Das war nicht nur bildlich, sondern auch real gemeint. Von der Baltischen Reederei Leningrad und der Schwarzmeerreederei Odessa, aber auch von der Rostocker Seerederei waren Meldungen eingegangen über Brände in Maschinenräumen auf Schiffen, die auf der Warnowwerft gebaut worden waren. Eine Einzelmeldung kann schon einmal untergehen und wird vom Kundendienst einer Werft geräuschlos geregelt. Nun waren es aber mehrere Vorfälle, und es betraf die Abgaskessel der Schiffstypen LO-RO 18 und Äquator. Und Brände in Abgaskesseln können leicht auf den gesamten Maschinenraum übergreifen.

Grohmann wieder am Tisch des Generaldirektors: „Das ist ein großes Problem, ich brauche eine generelle Lösung, Schiffe aus dem Kombinat Schiffbau brennen nicht, hast du mich verstanden?", damit war Grohmann verabschiedet worden.

Abgaskessel nutzen die Restwärme der Abgase nach Motor und produzieren Warmwasser, zum Teil auch Dampf, das alles zu Heizzwecken an Bord. In den Abgasen sind außer den Verbrennungsgasen als mehr oder weniger feste Bestandteile Ruß, also reiner Kohlenstoff, Asche und nicht verbrannte Anteile des Kraftstoffs. Als Belag, teils fest, teils pastös legen sich diese Anteile auf den Kesselheizflächen ab, auf einigen Teilen mehr, auf anderen weniger.

„Nun also eine neue Arbeitsgruppe", begrüßte Grohmann seine Kollegen. „Wie müssen wir uns Ursache für die Brände vorstellen und wer muss deshalb dort mitwirken, um diese Brände zu vermeiden?", das war die Aufgabe der Besprechungsrunde.

„Die Kesselbeläge kommen vom Motor, also Dieselmotorenwerk."

„Die Brände sind doch an den früheren Kesseln nicht aufgetreten, was hat Kesselbau Dresden daran geändert? Also auch der muss mitmachen."

„Auf jeden Fall muss die Warnowwerft dabei sein, es sind ihre Schiffe."

Damit war der Rahmen für die Gruppe gelegt.

„Zur ersten Zusammenkunft werde ich den Umfang der Einladungen groß machen, ich werde alle Werften einladen und sie bitten, ihre Konstruktionen der Abgaskesselanlagen und die damit gewonnenen Erfahrungen darzulegen, dann können die Kollegen gleich Erfahrungen austauschen und wir sehen, mit welchen Anlagen welche Ergebnisse erreicht wurden." So geschah es.

In der großen Runde war von Spiralkesseln und von Glattrohrkesseln die Rede, auch von solchen mit auf den Rohren aufgebrachten Lamellen. Es wurden verschiedene Reinigungsverfahren durch Rußblasen und durch mechanische Rütteleinrichtungen diskutiert, und vom Einbau von Umgehungsleitungen der Kessel war die Rede. Brände kannten die anderen aber nicht.

Die weiteren Runden mit den Hauptpartnern brachten neue Erkenntnisse. So waren die Brände meist im Teillastbereich der Motoren nach Herunterfahren von einer höheren Laststufe aufgetreten, zum Teil waren beim Brand nicht nur die Beläge, sondern auch die Stahllamellen verbrannt. Eisen kann brennen!

Nach vielen qualvollen Diskussionsrunden konnten sich die Beteiligten auf die Punkte einigen: Der Dieselmotor Typ KSZ, der Kraftstoff Schweröl, Teillast als Laststufe des Motors und das Trockenfahren des Kessels, wobei der Kessel ohne Wasser in den Rohren gefahren wird, sind auf den Schiffen vorhanden, sie sind nicht zu verändern, diese Fakten müssen so hingenommen werden.

Neu waren die fremd angetriebenen Hilfsgebläse des Motors, die in Teillast einen zu hohen Luftdurchsatz hatten und damit sehr viel Sauerstoff lieferten, neu waren die Lamellenkessel mit ihren ungünstigen Reinigungsmöglichkeiten und ungünstig war, dass die Werft keine Umgehungsleitung vorgesehen hatte, um den Kessel völlig außer Betrieb zu nehmen, wenn kein Wärmebedarf bestand.

Es mussten an allen drei Faktoren durch die Partner Änderungen unter Gestöhn, auch unter Protest vorgenommen werden. – Änderungen rütteln am Prestige, Änderungen verursachen zusätzliche Kosten. Aber Kesselbrände traten danach nicht wieder auf.

In einer Arbeitsberatung beim Hauptabteilungsleiter stand der wichtige Punkt „Wissenschaftskooperation" auf der Tagesordnung. Die Partei im Bezirk Rostock hatte die Initiative ergriffen und wollte die Wissenschaft und die Praxis besser vernetzen. Auf unserem Gebiet wurde das Vorhaben „Wissenschafts-Produktions-Kooperation Schiffbau", abgekürzt WPKS, genannt. Der HA-Leiter lobte alle bisher positiv verlaufenden Aktionen, übte aber in Richtung Grohmann Kritik. „Auf dem Gebiet Maschinenbau und Maschinenanlagen sieht es nicht gut aus, du solltest dich mehr darum kümmern."

In seiner Abteilung wurde diese Einschätzung nicht geteilt, alle Bearbeiter konnten nachweisen, dass ihre Themen erfolgreich bearbeitet wurden. Aber die Partei hatte wie immer Recht, im Rahmen der WPKS hatten sie kaum etwas Hervorstechendes zu bieten. Also war Nachdenken angesagt.

Am Telefon der Leiter des Wissenschaftsbereiches Maschinenanlagen der Sektion Schiffstechnik der Universität Rostock, Professor Schmalstieg. Er lud Grohmann zu einem Gespräch ein.

„Worüber?" – „Über gemeinsam interessierende Fragen", wie er ironisch eine Floskel aus sozialistischen diplomatischen Verlautbarungen verwendete.

Mit Jochen Schmalstieg stand Grohmann schon lange Zeit in Verbindung. Bereits zu Beginn des Gesprächs war Grohmann klar, das Thema war, eine neue gemeinsame Forschungsaufgabe zu finden und zu formulieren. Beide bemühten sich im Moment darum, den Forderungen der Kooperation zu entsprechen.

Schmalstieg kam auf das Thema Kraftstoffe und Schiffsbetrieb zu sprechen.

„Im Westen hat sich unter der Führung der britischen Klassifikationsgesellschaft Lloyds Register ein Gremium zusammengefunden, das sich aus 24 Forschungseinrichtungen aus 8 europäischen Ländern zusammensetzt und unter der Bezeichnung – „Fuel Oil Characterisation Export System FOCES" – Untersuchungen auf diesem Gebiet vornimmt – wir haben dem bisher nichts entgegenzusetzen und dürfen später wieder die Erkenntnisse bestaunen und den Ergebnissen hinterherlaufen."

„Was schlägst du vor?"

„Ein ähnliches Forschungsthema Schweröl unter unseren Bedingungen mit Ausbau der Laborbasis, mit Vergleichen zu Dieselkraftstoff, mit Versuchen über Verbrennungseigenschaften und mit Anwendungen in Motoren."

Kraftstoffprobleme spielten seit der umfassenden Einführung von Schwerölen als Schiffskraftstoff ab den 60er Jahren immer eine Rolle beim Betrieb der Motoren und bei der Gestaltung der Anlagen auf Schiffen, der Vorschlag kam deshalb gelegen.

„Das klingt gut, ich bin dafür", so Grohmann, „wir gehen so vor: Ihr präzisiert eure Vorschläge und ich werde alle Werften und das DMR über eure Absicht informieren und um Stellungnahme zu diesem Vorschlag bitten. Die Meinung der Betriebe bekommt ihr zugestellt und später beschließen wir dann in großer Runde das gesamte Thema."

In der Abteilung diskutierte Grohmann mit seinen Kollegen über das Thema.

„Neuerdings ist viel von einem Technikum die Rede", meinte Willy, „soll der Wissenschaftsbereich doch auch dabei mitmachen, anstatt vom Labor zu sprechen."

Und so kamen solche Begriffe wie Tankheizung, Filtertechnik, Separatoren, Viskositätsregelung zur Sprache.

„Nicht nur als Einzelmodule, sondern zusammen wirksam in einer Anlage", ergänzte Klaus.

Die schriftlichen Stellungnahmen der Betriebe trafen ein, in der Regel mit Zustimmung. Natürlich war die Elbewerft Boizenburg-Roßlau nicht dafür, auf ihren Binnenschiffen wollten die sowjetischen Kunden kein Schweröl verwenden. Doch die anderen brachten auch Vorschläge ein, die in der Regel auf Anlagengestaltung hinausliefen.
Professor Schmalstieg war nach Diskussionen mit seinen Leuten und unseren Zuarbeiten zum Ergebnis gekommen, diese Teilthemen zu bearbeiten: Analyse von Schwerölen einschließlich Ausbau der Labortechnik, Einbeziehung von alternativen Kraftstoffen, Untersuchungen zu Einspritzung, Gemischbildung, Zündung und Verbrennung der Kraftstoffe in einer Verbrennungsbombe, in einem Einhubtriebwerk und in Motoren sowie Aufbau und Betrieb einer Kraftstoff-Aufbereitungs- und -Versuchs-Anlage KAVA. Selbst die Importe von Labortechnik für die Gaschromatographie wurden anstandslos genehmigt. Der Forschungsverband Seewirtschaft stimmte allem zu, die Begriffe „Simulation" und „Modellierung" spielten dabei eine große Rolle.
Die Warnowwerft hatte sich bereiterklärt, Hilfe beim Aufbau der KAVA durch Übernahme von Schweißarbeiten an Rohrleitungen und Apparaten zu leisten.
In die Stille seines kleinen Büros, in dem Grohmann versunken in dem Studium eines Forschungsberichtes war, schrillte das Telefon. „Der Werftdirektor der Warnowwerft", kündigte Elvira an, Grohmann übernahm und da tönte es auch schon mehr als laut aus dem Hörer: „Was hast du mir da eingebrockt", brüllte Werner Bönisch, „ein paar Schweißarbeiten an einigen Rohrleitungen? – Fünf bis sechs Schweißer sind schon eine Woche lang dort tätig, das hat ja den Umfang einer Schiffsanlage! Und wie soll ich den Plan erfüllen?" Grohmann versuchte zu beruhigen: „Du bist aktiv an

der Wissenschafts-Produktions-Kooperations-Forschung beteiligt, der Anteil Werft wird hoch gewürdigt, und du beschwerst dich?" Bönisch beendete das Gespräch abrupt.

Als aber die KAVA fertig gestellt war und unter beachtlichem journalistischen Aufwand in Betrieb gesetzt wurde – die Ostsee-Zeitung brachte einen großen Artikel mit Bild – war Werner Bönisch der Erste, der sich auf dem Bild in den Vordergrund drängte.

Das Thema kam gut voran, es wurde zielstrebig gearbeitet.

Es gab aber auch Querschüsse.

Eine These, die in Kreisen der Seerederei immer wieder diskutiert wurde und damit bei Führungskräften zu Irritationen und Forderung auf Klärung führte, war: Kraftstoff-Wasser-Emulsion als Kraftstoff. Im WTZ des Kombinates Seeverkehr und Hafenwirtschaft hatte sich eine Gruppe gebildet, die darüber gelesen hatte und nun damit in die Offensive ging. Der Kollege Wagner als Anführer der Gruppe hatte sich sogar den Namen „Wasser-Wagner" eingefangen.

Professor Schmalstieg rief an: Wir müssen etwas unternehmen, damit diese Diskussionen aufhören, der Wagner läuft durch die Sektion und will mit jedem über dieses Thema reden, und neuerdings bringt er es auf die ideologische Ebene, in dem Sinne, dass Sektion Schiffstechnik und Kombinat Schiffbau dieses Thema, das für die Seefahrt größte Bedeutung haben kann, einfach negieren.

Schmalstieg und Grohmann stellten eine kleine Gruppe zusammen, die nun umfangreich alle verfügbaren Quellen auszuwerten hatten, um diesen Fall zu klären.

„Also, Wasser brennt nicht, kann also nichts zur Energieumsetzung direkt beitragen, diese Erkenntnis ist nun nicht gerade neu, irgendwelche Effekte, wenn sie denn aufgetreten sind, müssen andere Ursachen haben."

Und das hatten sie auch: Wassertropfen an Kraftstofftropfen der Emulsion führten zu zwei gegenläufigen Effekten – einmal zerrissen die explosionsartig verdampfenden Wassertropfen bei der Zündung des Gemisches im Zylinder die relativ großen Kraftstofftropfen zu kleineren und verbesserten damit die Verbrennung positiv, zum anderen wurde Wärmeenergie aus dem Prozess durch die Verdampfungswärme gebunden und nicht wieder nutzbar im negativen Sinne. Und je nachdem, welcher Effekt überwog, konnte eine Verbesserung des Verbrauches festgestellt werden, vornehmlich bei älteren Motoren mit relativ veralteter Einspritztechnik. Aber auch der Effekt „weder noch" war zu beobachten, wenn beide Effekte sich gerade aufhoben. Meistens jedoch eine Verschlechterung, wenn eine moderne Einspritztechnik vorhanden war und der Effekt der Wärmebindung dominierte. Damit war diese Polemik beendet und die normale Arbeit konnte beginnen.

Kapitel 8

Den Großen zum Laufen zu bringen

Grohmann hatte den Hauptfristenplan für den ersten Motor RTA vor sich und überlegte, wie man absichern könnte, dass dieser Plan auch Realität werden könnte.

Die bisherigen Arbeiten auf den Gebieten Konstruktion, Technologie und Produktionsvorbereitung liefen einigermaßen planmäßig im Rahmen des Entwicklungsthemas. Was aber war mit den Aktivitäten, die nicht Bestandteil des Themas waren?

„Ich war gerade im DMR", so Klaus, „die Kollegen sind auch der Meinung, dass bei den Zulieferungen, also im kaufmännischen Bereich, und in der direkten Produktion noch nicht alles so organisiert ist, wie das nötig wäre."

„Wir haben jetzt Anfang 1986, die Montage muss im Oktober beginnen, damit die weiteren Termine bis zur Auslieferung an die Werft gehalten werden, was jetzt versäumt wird, kann nicht wieder aufgeholt werden, und der Werfttermin steht."

Und wie wollen wir vom Entwicklungsbereich dort wirksam werden?

Grohmann meinte, er wolle noch mal mit Hübscher im DMR sprechen und dessen Meinung einholen.

Bei Eintritt von Grohmann in das Büro des Entwicklungsdirektors Hübscher ließ der erst einmal wieder einen tiefen Seufzer los, er seufzte immer, wenn er ein Problem auf sich zukommen sah. Aber er bestätigte im Grunde die Vermutungen von Grohmann.

„Und dein Betriebsdirektor, was meint der Genosse Zoch dazu?"

Hübscher zuckte mit den Schultern. „Er fragt in der Dienstberatung ab und alle bestätigen, dass es planmäßig laufen würde."

„Bist du dir sicher?" Er zuckte wieder.

Schweigen.

Grohmann begann: „Erinnere dich an die Zeit vor zehn Jahren, wir saßen im tiefsten Qualitätsschlamassel mit dem ZD, du warst neu als Direktor, ich war neu als Leiter Motorenentwicklung und Zoch war neu als Betriebsdirektor, wir wussten manchmal nicht, wie wir alles auf die Reihe bekommen sollten, da setzte der Generaldirektor einen Rapport an und plötzlich zogen alle an einem Strang, und in einem Jahr waren wir aus dieser Situation heraus – was meinst du, wir werden vorschlagen, wieder einen Rapport anzusetzen für die Arbeiten bis zum Prüflauf des Motors?"

Hübscher schwieg und seufzte wieder. „Und was wird Zoch dazu sagen?", war seine erste Reaktion.

„Das interessiert mich nicht, wenn er im Betrieb nicht die Überzeugung bei allen Beteiligten herstellen kann, dann muss eben diese Sicherheit von außen kommen."

„Wenn du meinst, dass das nötig ist, dann mache, was du für richtig hältst, aber lasse mich aus dem Vorschlag heraus", so Hübscher.

Als Grohmann das DMR verließ, war er sich sicher, dass bei dieser Stimmung, die er vorgefunden hatte und bei der Schilderung über die Behandlung des Themas in der Betriebsleitung das Vorhaben Rapport richtig war.

Im Kreis seiner Kollegen diskutierten sie über den besten Weg, das Vorhaben in Gang zu setzen. Sie einigten sich auf einen Sachstandsbericht an den General, aber erst nach nochmaliger Recherche im DMR, diesmal erweitert. Auch mit seinem Chef diskutierte er darüber, der war sehr einverstanden.

Der Sachstandsbericht war abgegeben, und Grohmann saß wieder dem hohen Chef gegenüber.

„Ist das wirklich nötig?" Er ließ sich aber überzeugen.

„Na, gut, dann machen wir das. Du bist mir dafür verantwortlich. Lass dir draußen im Büro die ersten beiden Termine geben, so im Abstand von drei bis vier Wochen, du machst die Einladungsschreiben und gibst sie her; den Rapport machen wir im DMR, ich bekomme kurz vorher eine Mappe mit Tagesordnung und drei, maximal vier Punkten mit je einer Kurzinformation, du machst jeweils ein kurzes Protokoll, das ich unterschreibe, du verschickst die Exemplare – haben wir alles?"

Und so lief es: Frage – Antwort – Festlegung. Es war eine Freude, derart zu arbeiten. Der Betriebsdirektor Zoch machte zwar öfters ein süß-saures Gesicht, wenn er nur Mitmacher war, vielleicht fiel es aber auch nur Grohmann auf.

Mit der Montage des ersten Motors und mit den Vorbereitungen zum Prüflauf war der Rapport mit Erfolg – Einhaltung des Hauptfristenplans – beendet.

Und doch blieb ein sonderbares Gefühl zurück, bei aller Freude über die erreichten Fortschritte: Warum bekommen die eigentlich dafür eingesetzten Leiter in ihren normalen Strukturen es nicht fertig, derartige Leitungsfragen selbst zu lösen, waren sie durch Partei- und Plandisziplin, durch das Prinzip Weisung und Gehorsam so unsicher geworden, um kräftig auf Probleme einzuwirken? Konnten sich das nur ein paar besonders Selbstbewusste leisten?

Grohmann konnte sich mit seiner Truppe erst einmal von diesem Thema verabschieden. Doch ein Punkt ließ sie nicht los, der auch prompt im NSW-Kontrollsystem zur Sprache kam. Der Abgasturbolader, eine Baugruppe, die der Luftversorgung des Motors mit Vorverdichtung diente, würde hinsichtlich Import ein Dauerthema sein. Und dann die Monopolpreise, die die Firma Brown, Boverie & Co (BBC) als Hersteller verlangte.

In einer Beratung kam das Problem wieder zur Sprache.

„Mit einer Lizenz von der MAN wäre uns das erspart geblieben, denn mit den Motorenunterlagen hätten wir auch die Unterlagen für ihren Lader bekommen", meinte Friedrich lakonisch.

„Hätte, wäre bringt uns jetzt auch nicht weiter, warum nicht MAN, das weißt du ganz genau, also höre damit auf."

Schweigen

„Hm, MAN hat vor Jahren, als ihnen die Preise von BBC auch zu hoch waren, angefangen, selbst diese Lader zu entwickeln", sinnierte Klaus vor sich hin, „und heute sind sie mit ihren Geräten denen von BBC gleichwertig."

Klaus schaute in die Runde.

„In den laufenden Lizenzverträgen mit der MAN sind doch auch die Lader enthalten, aber die Unterlagen darüber wurden nie abgerufen, weshalb eigentlich nicht?"

„Weil die Russen und unsere Leute Lader aus dem Kompressorenwerk Bannewitz bekommen und Kunden aus dem Westen ihre eigenen Wünsche haben, die nur über Importe realisiert werden konnten", erläuterte Grohmann.

Die Beratung war beendet, alle kehrten an ihre Arbeitsplätze zurück.

Klaus kam nochmal zurück. „Wir rufen von MAN die Unterlagen für die modernen Abgasturbolader ab und Bannewitz übernimmt im Auftrag des Lizenznehmers DMR die Fertigung."

„Die gehören zum Kombinat SKL Magdeburg und sind überhaupt nicht auf dem technischen Stand, diese Geräte herzustellen."

„Dann muss eben das Ministerium als nächste Instanz zwischen Kombinat Schiffbau mit DMR und Kombinat SKL mit Bannewitz entscheiden: entweder Importe aus dem NSW auf Dauer oder Investitionen in Bannewitz einmalig und Fertigung auf Dauer, so einfach ist das."

„Klaus, die reißen uns die Ohren ab, wenn wir mit diesem Vorschlag auftreten, vielleicht macht unser General mit, aber schon im SKL scheitern wir doch."

„Wir müssen es versuchen, ich glaube nicht, dass SKL und Bannewitz dagegen sind, die können doch gar nicht leichter zu Investitionen und zur Modernisierung des Betriebes kommen."

Grohmann musste ihm recht geben.

„Also, gut, wir gehen wieder auf diese Tour mit einem Sachstandsbericht."

Und der ging glatt durch, durch alle Instanzen im Schiffbau und im Kombinat SKL. Nur im Betrieb in Bannewitz erscholl zunächst ein kräftiges „Nein", das bald von einem „Ja, aber ..." abgelöst wurde.

Selbst im Ministerium überzeugte der Vergleich der Kosten für Dauerimporte gegen den Aufwand für die Investitionen, selbst mit dem Kernstück einer modernen hochpräzisen Fünf-Achs-Fräsmaschine, die für die Fertigung der räumlich gekrümmten Flächen des radialen Verdichterlaufrades nötig war.

Und eines Tages waren alle diese Vorarbeiten, einschließlich Bereitstellung von Baukapazitäten, Sicherung der Zuliefertermine und Kontrollen durch das MSAB, abgeschlossen und ein großer Abgasturbolader des VEB Kompressorenwerkes Bannewitz, Lizenz MAN, stand zum Anbau am Motor 5 RTA 58 des VEB Dieselmotorenwerk Rostock, Lizenz Sulzer, bereit.

Beide Firmen, eigentlich nicht gerade freundschaftlich verbunden, stimmten dem Anbau zu und führten auch gemeinsam Anpassungsarbeiten durch, zum Wohle ihres Ansehens und ihrer Weltoffenheit.

Die Idee, geboren in einem kleinen Büro im Dachgeschoss des Hauses Wismarsche Straße, Ecke Feldstraße, hatte sich realisiert. Manchmal kam Grohmann der Vergleich mit den Beamten in dem Film „Clochemerle" in den Sinn, die unter ähnlichen Verhältnissen wichtige Vorschläge machten, dort hinsichtlich Aufstellung eines Pissoirs, hier für eine NSW-Importvermeidung eines wichtigen Zulieferteiles eines Dieselmotors.

Ende 1988 war ein Jahr Betriebszeit des ersten Motors, eingebaut auf dem Schiff MS „Kupres", gebaut von der Warnowwerft, bereedert von einer jugoslawischen Reederei, beendet und es folgte die Garantieaufhebung für das Schiff und alle Einbauten. Dabei waren eine umfangreiche Rückmontage und Befundungen sowie Mängelbeseitigungen vorzunehmen. Üblicherweise erfolgen diese Arbeiten auf der Bauwerft, doch diesmal hatte der Reeder den Wunsch geäußert, diese Arbeiten in Hamburg auf der Werft von Blohm & Voss durchzuführen.

Also mussten Schiffscommerz, Warnowwerft, DMR und alle weiteren Zulieferer nach Hamburg, um die langen Listen an Befundungen und Mängel abzuarbeiten, Ergebnisse zu diskutieren und zu protokollieren. Natürlich will der Reeder ein Maximum an Leistungen für sich herausholen, Werft und Zulieferer möchten ihren Aufwand möglichst minimieren – so sind die Spielregeln, die bei aller Freundschaft immer Widersprüche und entsprechend umfangreiche Gespräche und Verhandlungen nach sich ziehen.

„Warum fährst du eigentlich nicht mit, du hast doch viel Anteil an dieser Anlage?", so wurde Grohmann gefragt. Warum eigentlich nicht? Kennen lernen wollte er solche Situation immer schon einmal. Aber fragen darf man nicht, ob man auch ... In diesem System muss man einfach machen: Eine Reisedirektive schriftlich verfassen und diese Ausarbeitung auf die „Umlaufbahn" bringen, das bedeutet, es vom vorgesetzten Leiter durch Unterschrift bestätigen zu lassen, dann läuft sie schon alle erforderlichen Stellen durch Weitergabe ab, bis sie schließlich auf dem Tisch des Generaldirektors landet. Von dort konnte nur der Anruf kommen: Sie können ihre Mappe abholen, dann war die Unterschrift drunter. Kam die Mappe auf dem üblichen Postweg zurück, dann ohne Unterschrift, und es war nichts mit der Reise.

Diesmal kam ein Anruf, der Reisepass in Richtung NSW war auch wieder da, also auf nach Hamburg. Aufgabe war, Erkenntnisse zu sammeln.

Es war Grohmanns erste Fahrt in die Bundesrepublik. Er war vor dem Mauerbau oft in West-Berlin gewesen, noch vom Betrieb aus war er später in Winterthur/Schweiz bei der Firma Sulzer, in Stockholm zu einem Motoren-Kongress und in London zu einer technischen Messe gewesen, aber vorher nie „im Westen" Deutschlands.

Die Eisenbahnabteile auf der Fahrt zunächst nach Lübeck waren voll, vor allem von Rentnern. Dagegen die Fahrt Lübeck-Hamburg in fast leeren Abteilen. Zwei Beamte des Bundesgrenzschutzes fragten nach dem Ausweis, Grohmann reichte ihnen seinen Reisepass, mit dem sie auf den Gang gingen und in einem dicken Fahndungsbuch blätterten und verglichen.

„Es findet doch zurzeit gar kein wichtiger Kongress in Hamburg statt, Herr Doktor", meinte der eine Beamte.

„Ich will ja auch zu keinem Kongress", antwortete Grohmann, „zur Werft will ich, auf ein Schiff."

Sie gaben den Pass zurück, tippten an ihren Mützenschirm und schlenderten weiter.

In Hamburg hatte die Gruppe des Schiffbaus Quartier im Hotel Fürst Blücher östlich des Hauptbahnhofes gebucht, mitten im Zentrum. Das Schiff lag in der Werft. Also war für Grohmann klar: viel sehen und möglichst alle Wege zu Fuß.

Eindrucksvoll der Gang durch den Elbtunnel, schon die alte Technik der Fahrstühle, besonders die Plattformen für die Kraftfahrzeuge, dann die Kachelwände mit ihren Motiven, er war begeistert.

Vor dem Werfttor stand eine Gruppe von Leuten mit Fahnen und Spruchbändern. Sie drückten Grohmann ein Papier der MLAP, der Marxistisch-Leninistischen Arbeiter-Partei, in die Hand, voll mit klassenkämpferischen Parolen. Erstaunlich zu lesen für jemand, der aus dem Sozialismus in den Farben der DDR kam. Aber das behielt er für sich.

Die „Kupres" lag im Schwimmdock, der Betreiber wollte auch Außenhaut und Propeller befunden lassen. An Bord ein heilloses Durcheinander. Die Menschen rannten sich gegenseitig fast um, drängelten aneinander vorbei, schubsten hier und schoben dort: Bordpersonal, Werftmitarbeiter aus Hamburg und aus Warnemünde, Angehörige von Schiffscommerz, von Zuliefer- und Reparatur-Betrieben, von Klassifikationsgesellschaften wuselten durcheinander.

Im Maschinenraum ein Chaos, so musste es Laien und Ungeübten vorkommen, doch bei allem Durcheinander erkannte der Fachmann die Ordnung. Alle Teile der jeweiligen Maschinen standen oder lagen zur Befundung bereit, natürlich überall Leute, die vermaßen, protokollierten, diskutierten, gestikulierten, und dazu laute Rufe, Lärm der Lüftergebläse und überall offene Türen und Schotten, überall Ölpfützen und Putzlappen, kalter Luftzug, flackernde Warnlampen, Krach.

DMR hatte sich eine große Kammer an Bord als Besprechungs- und Aufenthaltsraum gesichert. Dort war Ruhe, aber auch Enge.

Die Ergebnisse des Motorenbetriebes nach einem Jahr waren gut bis sehr gut, die Kundendienstleute waren sehr zufrieden. Was nicht hieß, dass das Bordkommando keine Mängelliste vorbereitet hätte.

„Na, ja, das Übliche", knurrte der Kundendienstchef Karl Meier, „wenn die Liste abgearbeitet ist, tauchen immer wieder Ergänzungen auf, haben die Jugos angeblich neue Druckstellen auf einer Lauffläche entdeckt oder Aufrauhungen an Oberflächen, manchmal nur Verschattungen, aber wer zig Verhandlungen mit den Freunden aus Leningrad oder Nachodka oder von sonst wo aus dem Vaterland der Werktätigen mitgemacht hat, der wird auch mit unseren jugoslawischen Freunden, die ja keine echten sind, fertig werden", sagte es und verschwand zu neuen Absprachen und Verhandlungen.

An Verhandlungen und Gesprächen teilzunehmen hatte Grohmann keinen Auftrag und auch keine Lust. Er hatte gesehen, was er sehen wollte, und beschloss, die Stadt zu durchwandern und sich etwas zu erschließen.

Außerdem sollte das Schiff ausgedockt werden, es lag schon länger als eigentlich geplant dort und ein anderer wichtiger Auftrag war durch die Werft wahrzunehmen. Die „Kupres" sollte also mit nicht betriebsbereiter Maschine mittels Schlepper an einen anderen Liegeplatz verholt werden. Und dem Gerangel wollte Grohmann auch entfliehen.

In der Nacht war ein Sturm über Hamburg hinweggefegt. Im Frühstücksraum des Hotels herrschte am Morgen eine Aufgeregtheit, das örtliche Fernsehen berichtete auch darüber. Das Schiff hatte sich von seinem Liegeplatz losgerissen, war quer über die Elbe getrieben und hatte einen

Dalben gerammt, sich ein großes Loch in die Bordwand gerissen, zum Glück oberhalb der Wasserlinie.

Nun war das Gewühle an Bord noch größer als vorher schon, doch die Reparatur des Lecks mit Hilfe eines angepassten und eingeschweißten Füllstücks war zügig erledigt.

Auf der Rückfahrt nach Hause liefen bei Grohmann viele Gedanken kreuz und quer. Gute fachliche Arbeit auf allen Seiten, jeder ist auch auf seinen Vorteil bedacht, was ja nicht schlecht ist. Aber alles im Rahmen üblicher Gepflogenheiten, ganz normal; dort wird zügig gearbeitet, ohne Losungen und Transparente, ohne politische Initiativen und neue Etappen, dafür für guten Lohn unter gewerkschaftlicher Kontrolle, die da draußen vor dem Werfttor mit ihren Fahnen und Losungen, ihren Transparenten und revolutionären Schriften, die störten sie nicht, die gingen sie nichts an. Und bei uns mit allen diesen Dingen bei gewerkschaftlicher Mitmache – er musste an den witzigen Vergleich denken: Gewerkschaft wie die Schwiegermutter im Haushalt, hat überall die Hände mit drin, redet überall mit, hat aber nichts zu sagen – die Bundesrepublik ist einfach der Maßstab für modernes Leben, für sich etwas leisten können in einer offenen Welt.

Wir kämpfen weiter! Natürlich werden wir den Kampf um den Titel Kollektiv der Sozialistischen Arbeit gewinnen, werden zum x-ten Mal die Blechmedaille dazu bekommen, auch den Titel Kollektiv der Deutsch-Sowjetischen Freundschaft werden wir gewinnen, es kommt doch nur darauf an, wer den Sieg oder die Niederlage bestätigt. Und die dabei herausspringenden Prämien werden wieder für ein paar Kegelabende im Kollektiv reichen.

Kapitel 9

Neue Welten

Es war Anfang 1989.

Im Kombinat waren einige Veränderungen vorgenommen worden. Der Generaldirektor war abgelöst und unter der Bezeichnung „Invalidisierung" in den Ruhestand geschickt worden. Man lastete ihm einen Anteil an der Planmisere der Volkswerft Stralsund, der Kurt Dittmann zum Opfer gefallen war, mit an. Außerdem hatte er sich konsequent geweigert, eine Werft zum Stammbetrieb zu erklären, sondern beharrte auf dem Stammbetrieb für Forschung, Entwicklung und Rationalisierung.

Den Neuen kannte Grohmann schon, als der noch Student war und bei Grohmann, seinerzeit Assistent an der Fakultät, Studienarbeiten und Protokolle über Versuche im Rahmen des Maschinenlabors abzuliefern hatte. Grohmann erhielt mit ihm seinen ersten Chef, der jünger war als er selbst.

Der Neue, Jochen Wegemann, machte nach dem Motto, wonach neue Besen gut zu kehren hatten, gleich Tabula rasa und erklärte die Schiffswerft Neptun zum Stammbetrieb und den bisherigen zum Bereich für Forschung, Entwicklung und Rationalisierung. Dazu holte er einige Angehörige der Sektion Schiffstechnik, also junge Professoren und Dozenten in seinen Stammbetrieb, um das Niveau der Wissenschaftlichkeit zu erhöhen, was nun nicht gerade auf große Begeisterung bei den vorhandenen Kollegen stieß, zumal die Wirkung der neuen kaum zu spüren war bis auf die Inanspruchnahme von Planstellen und Gehaltsstufen.

Grohmann kümmerte das alles wenig. Die neue Struktur bescherte ihm wie auch seinen Kollegen ein neues

Strukturzeichen, doch sonst blieb für ihn alles beim Alten. Sie saßen wie eh und je in ihrer Dachkammer und die neuen Leiter waren so weit entfernt, dass sie nicht störten.

Eine neue übergreifende Aufgabe war gestellt worden. Es sollte ein Vorprojekt eines mittelgroßen Kühlschiffes im Auftrag der Seereederei erarbeitet werden. Die Reederei DSR betrieb eine Kühlschiffsflotte, die in der Regel durch Ankauf von Alttonnage gebildet wurde und nun schrittweise durch Neubauten ersetzt werden sollte.

Im Hause, das nun VEB Schiffswerft Neptun Rostock, Bereich TZ hieß, wurden die Schiffbauer, die Maschinenbauer und die Elektriker als Bearbeiter des Projekts benannt. Ihre Partner kamen vom WTZ des KSH, also vom Wissenschaftlich-Technischen Zentrum des Kombinates Seeverkehr und Hafenwirtschaft.

Es wurde eine fruchtbare Zusammenarbeit, vor allem mit den Schiffbauern im Haus bei der Bestimmung der Hauptabmessungen des Schiffes, der Abschätzung des Schiffswiderstandes, der Propellerauslegung und der Dimensionierung der Hauptmaschine.

Aber auf dem Gebiet der Hilfsmaschinen, vor allem der Stromerzeuger waren erhebliche Fragestellungen offen. Die Bestimmungen der zentralen Kälteanlage bei verschiedenen Ladezuständen und unterschiedlichen möglichen Gütern, wie Bananen oder Zitrusfrüchten, aber auch im Wechsel mit Fisch oder Fleisch, beides mit sehr unterschiedlichen Temperaturen, warfen immer wieder neue Fragen auf.

Und so mussten einige Abstimmungsrunden mit WTZ-Vertretern erfolgen, die, so stellte es sich bald heraus, auf einigen Gebieten auch nur wenige Kenntnisse hatten.

„Frag doch nicht ständig nach Dingen, die wir auch nicht wissen, steig auf ein Kühlschiff auf, fahre mit und ermittle, was euch an Daten fehlt", war die Antwort.

Grohmann hatte einen Gedanken: Das hatten die nicht umsonst gesagt!

Überlegen – drei Mann müssten ausreichend sein für solche Datenerfassung: Hauptmaschine, Hilfsdiesel und Kälteanlage. Voraussetzung war, dass die Mitfahrer einen gültigen NSW-Reisepass hatten, Grohmann hatte seinen wieder erhalten, Friederich Grau besaß ebenfalls einen und könnte das Gebiet Hilfsdiesel abarbeiten, und für die Kälte? Da gab es den Kollegen Werner Schuricke, ja, den, der das Gebiet Umweltanlagen betreute und das Thema Kälteanlagen schon früher beackert hatte, und, soweit bekannt, einen Pass ebenfalls hatte. Besuch bei ihm, der als dritter Mann ausgeguckt war, brachte sofort seine Zustimmung.

Also: Direktive schreiben, Zustimmung und Unterstützung von der Reederei einholen und auf die Umlaufbahn schicken. Die Unterschrift war bald da, die Abstimmung mit der Reederei ergab, auf welchem Schiff zu welchem Termin der Törn vonstattengehen sollte, Finanzierung war auch geklärt, sie erhielten sogar Devisen als Handgeld, Grohmann als Leiter des „Serviceteams" bekam 1 US-Dollar pro Tag, die beiden „Serviceingenieure" je 50 US-Cent pro Tag.

Am 19. Juni, einem Montag, stiegen sie auf MS „Gerhard Hauptmann" auf.

Eine große Seereise nach Ecuador begann, um Bananen zu holen. Grohmann erhielt die Kammer, die früher als solche des Schiffseigners bezeichnet wurde, neben der Suite des Kapitäns und neben dem Salon. Eigner gab es nicht mehr, im Sozialismus schon gar nicht. Also bekam seinerzeit mit Einführung der politischen Führung an Bord nach sowjetischem Vorbild der GdK-Gehilfe des Kapitäns (was für ein Ausdruck!) diese Kammer, später der PO – Politoffizier. Nun kam das Schiff ohne diese

Politniks aus, die Kammer bekamen jetzt Mitreisende, nun der Serviceteam-Leiter Dr. Grohmann. Seine beiden Mitreisenden bezogen eine Zwei-Mann-Kammer im Bereich der Mannschaftskammern. An Bord wurde die Rangfolge beachtet.

Nach dem ersten Rummel mit An- und Abmelden, Registrieren, Ausklarieren und Grenzabfertigung, Bootszuweisung, Komplexkontrolle und Rettungsanzug fassen konnte Grohmann seinen Koffer auspacken, sein Bett beziehen und sich erst einmal lang hinlegen.

Die Mole in Warnemünde war schon lange passiert, das Schiff lief auf den Nord-Ost-See-Kanal zu.

Der Kapitän hatte nun etwas Zeit und lud zum ersten Gespräch: Kapitän mit Erstem Offizier, an Bord Chiefmate genannt, und mit Leitendem Technischen Offizier, an Bord Chief, und auf der anderen Seite Grohmann mit seinen beiden Kollegen. Gegenseitiges Vorstellen, Erläuterung der Aufgabenstellung und Erwartung guter Zusammenarbeit, eine Zustimmung zum Vorhaben wurde geäußert.

Nächste Runde: Chief mit seinen drei Technischen Offizieren und den beiden Kältemeistern ergab das gleiche Ergebnis. Alles ließ ein gutes Ergebnis erhoffen.

Am Nachmittag Schleuse Kiel-Holtenau, Kapitän und Bootsmann gingen an Land, Besorgungen zu erledigen.

Der Bootsmann kam zurück, an der Pier hielt ein kleiner Lieferwagen, neben ein paar Paketen wurde ein Bündel Holzstäbe, Besenstiele ausgeladen, die der Bootsmann in Empfang nahm.

Die Neulinge an Bord mussten alles beobachten und kommentieren, alles war neu.

„Was ist denn das, Besenstiele aus'm Westen?"

„Wenn Schiffsversorgung in Rostock keine anbieten kann, müssen wir eben woanders kaufen, ist doch klar, oder?", kam als Antwort. „Könnt ihr ja in euren Bericht schreiben."

„Oho, mal unabhängig von den Besenstielen, bei den Mannschaften müssen wir wohl kräftig überzeugen, was unsere Aufgabe ist, sonst halten die uns für Aufpasser", meinte Werner.

„Wir werden uns mit dem Bootsmann hinsetzen und mit dem ein Gespräch mit´ner Buddel Bier führen, und danach mit seinen Lords, damit dort alles klar ist."

Apropos Bier: Einmal pro Woche konnte man beim Storekeeper einkaufen, mit Höchstgrenzen pro Person konnten Bier, Wein, auch eine Flasche Schnaps, und anderes erworben werden, alles wurde angeschrieben und am Ende der Reise abgerechnet.

Essen in der einheitlichen Messe, aber jede Gruppe hatte ihren festen Tisch, die Gäste ebenfalls. Das Essen hervorragend, der Koch war aus Satow und freute sich, als Grohmann vom Gut Hohen Luckow bei Satow, wo er Verwandte hatte, erzählen konnte. Schon war eine Verbindung hergestellt.

An Bord drei Frauen, zwei Stewardessen und die Beiköchin. Für die Tanzveranstaltungen der kommenden Zeit hier an Bord waren alle drei schon lange im Voraus ausgebucht.

Nach dem Englischen Kanal mit vielen Schiffen als Mitläufern, Gegenläufern und querlaufenden Fährschiffen, mit der Ansicht der Kreideküste von Dover und der niederländischen Küste mit einer Vielzahl von Bohrinseln wird es ruhiger und einsamer auf See. Der Kapitän hat nun Muße, sich mit seinen Gästen zu unterhalten, er lädt zum ersten Klönschnack ein, mit Getränken, versteht sich.

„Also, nochmals herzlich willkommen an Bord und gutes Gelingen – Prost", und er erhob sein Glas. „Wir fahren also nach Ecuador, erst einmal auf dem Atlantik über den Punkt 40 Grad Nord und 40 Grad West, allgemein 40/40 genannt, dann durch die Karibik und den Panamakanal in den Pazifik nach Puerto Bolivar, laden dort und dann die gleiche Tour zurück. Hin fahren wir in Ballast, dadurch nur niedrige Motorenbelastung, ohne Kühlung, also niedrige Hilfsdiesellast, Kühlanlage außer Betrieb. Das zu ihrer Information für die Untersuchungen. Die Belastungen steigen, wenn wir beginnen, die Laderäume vorzukühlen, das wäre die nächste Stufe, danach die Beladung mit voller Kühllast bis nach Hause."

Und er kündigte Erfahrungsaustausch, Fachgespräche, Informationen, Klönschnacks, Coffetimes, also Zusammenkünfte mit Gespräch, Häppchen und Getränken so im Abstand von zwei bis drei Tagen bei sich an. Das konnte lustig werden, wurde es auch.

Mit Erreichen des offenen Atlantiks, ringsherum nur Wasser, kein anderes Schiff weit und breit zu sehen, wurde die Stimmung an Bord ganz anders, viel freier. Die Gespräche wurden offener, kritischer, ungezwungener, über die Verhältnisse zu Hause, über gute oder böse Erlebnisse an Land wurde frei geredet. Und die Charaktere wurden sichtbar. Der Kapitän Manfred Schlager war ein weltoffener und diskutierfreudiger Mensch. Der Funkoffizier, der auch für Kultur, für Filme und Videos an Bord zuständig war, ein lustiger, aber auch etwas leichtsinnig erscheinender Mensch, der auch für den Bordfunk zuständig war, ließ den Blödelschlager von Klaus und Klaus über „die Nordseeküste, am plattdeutschen Strand" zur Freude der Deckscrew, die meist aus jungen Burschen bestand, rauf und runter dudeln. Er besorgte offensichtlich auch Literatur. Auf einem Tisch in der Kapitänskammer lag eines Tages eine Ausgabe des amerikanischen Nachrichtenmagazins TIME, später lag die Zeitschrift auf dem Bett von Grohmann. Der Chief dagegen entpuppte sich als introvertierter, verschlossener, wortkarger Mensch, der Grohmann und seine Kollegen im Maschinenbereich agieren ließ, sich aber meist nur in seiner Kammer aufhielt und für Gespräche kaum bereit war. Der Chiefmate, also der Erste Nautische Offizier, war in den Augen von Grohmann die seltsamste Person an Bord. Er war in einem Alter, in dem er eigentlich schon Kapitän sein sollte, und so empfand er es auch, aber er wurde es nicht. Und um diese Stufe vielleicht doch noch zu meistern, hatte er die Funktion des Parteisekretärs zusätzlich übernommen. Sein Diskutieren lief aber eher in die Richtung des Zu-Kurz-Gekommenen, und seine Rechthaberei war sprichwörtlich, wie auch seine Angewohnheit, bei unterschiedlich verlaufenden Gesprächen sofort Wetten darauf anzubieten, dass sein Standpunkt der richtige wäre. „Wetten, Flasche Sekt?", war meist sein Gebot.

Die Tage an Bord liefen so dahin. Nach dem Frühstück gingen Grohmann und die Kollegen ihrem Auftrag nach, messen, notieren, auswerten, aufschreiben. Danach Austausch in Grohmanns Kammer oder Klöhnschnack beim Käpt'n.

„Wie wird das mit Gorbatschow und der SU ausgehen", war eine der Fragen. Die Meinung von Schlager konnte Grohmann schon vorhersagen, sie deckte sich mit der Meinung, die in der Ausgabe von TIME abgedruckt war. Umbauen in der SU und den USA den Gegner nehmen, so ließ sich seine Auffassung über Gorbatschow zusammenfassen. Die Gäste hielten zwar sanft und leicht dagegen, nicht nur Umbau, sondern auch neuer Aufbau, aber Schlager wiegelte ab, man wird sehen, meinte er.

Und er gab bekannt, dass nach Einlaufen in Puerto Bolivar die Möglichkeit bestünde, dass wieder eine Gruppe aus der Besatzung einen zweitägigen Ausflug in die Stadt Cuenca in den Anden machen könnte.

„Wäre das nichts für euch?", fragte er, „ich kann sechs Personen schicken, wenn ihr drei fahren wollt, fahren von uns noch drei Personen, also?"

Sie schauten sich an, ja, das wäre eine Gelegenheit, etwas von Land und Leuten kennen zu lernen, welche Bedingungen müssen wir dabei erfüllen?

„Wir haben Verbindung zur Freundschaftsgesellschaft DDR-Ecuador, von dort wird der Aufenthalt organisiert, also Unterkunft in einem Hotel, Rundfahrt, Gespräche, den Transport per Bus hin und zurück ebenfalls, ihr müsst die Hotelübernachtung und für euer Essen selbst aufkommen, und über das Verhalten dort an Land angesichts der großen Armut und der sich daraus ergebenden Gefahren werde ich euch später informieren."

Vom „Reisegeld" hatten sie ja noch nichts ausgegeben, und teuer sollte das Hotel auch nicht sein bei einer Übernachtung in einem Dreibettzimmer.

Also begeisterte Zustimmung zum späteren Ausflug in die Andenstadt.

In Stunden, in denen eigentlich nichts passierte, suchte Grohmann sich oft ein stilles Plätzchen, entweder ganz hinten am Heck oder oben auf dem Peildeck und genoss Sonne, warme Luft, das Rauschen des Wassers am Schiffskörper und die Stille, die nur vom leisen Blubbern aus dem Schornstein untermalt wurde. Das Wasser, so herrlich kristallklar und tiefblau, brach sich vorn am Bug und leuchtete dann türkisfarben und grün bis weiß. Die Sonne stand fast senkrecht. Delfine begleiten das Schiff, auch eine Walfontäne war zu sehen, fliegende Fische lagen morgens an Deck. Das Schiff bewegte sich leicht von Steuerbord nach Backbord. Ein neues, bisher nicht gekanntes Gefühl der Weite und Freiheit erfasste ihn.

Eines Morgens trafen sie mit einem US-Flottenverband zusammen, offensichtlich auf Manöverfahrt. Die Zerstörer legten nacheinander an einem Versorger an und übernahmen Kraftstoff, wie man im Fernglas deutlich an den Verbindungsleitungen sehen konnte.

„Wir umfahren den Verband, der genau auf unserem Kurs liegt, sicher ist sicher", meinte der Kapitän.

Je näher sie der Karibik kamen, desto mehr Sender wurden in dem kleinen Radio wieder zu hören, das der Funker in Grohmanns Kammer gestellt hatte, spanische Sprache, aber vor allem karibische Musik.

Auf den Rundgängen auf dem Schiff entdeckten Friedrich und Werner in Höhe des Peildecks ein Bassin, etwa zwei Meter tief und etwa zwei Meter breit und drei Meter lang.

„Das ist unser Schwimmbecken", meinte Schlager, „von uns hat niemand daran Interesse, ihr könnt euch ja Wasser einlassen, aber dann nicht zu weit hinausschwimmen!"

Und eine Ecke für FKK-Sonnenbaden auf dem Peildeck für alle, die dazu Lust hatten, war ebenfalls zu finden. Es wurde auch von Männlein und Weiblein genutzt.

Nach der Passage der Karibischen Inseln, dem Aufenthalt auf der Reede Colon und der nächtlichen Durchfahrt des Panamakanals mit dem nahen Urwaldufer, mit den Lauten der Tiere, dem Zirpen, Schreien, Heulen, Grunzen liegt das Schiff auf Reede Balboa, am Horizont die Skyline von Panama City. Der Kapitän verkündet, dass der Tourenplan es zulässt, dass das Schiff den Tag hier auf der Reede verbringen wird und dass deshalb kurzfristig die Möglichkeit besteht, per Reedeboot die Stadt Panama zu besuchen. Grohmann und Co. melden sich dafür an.

Ein baufälliges Boot, das in Europa außer Dienst gestellt worden wäre, brachte die Besucher an Land. Dort Hitze, Lärm, grelle und billige Angebote in extrem heruntergekühlten Geschäften mit überlauter Musik, überall draußen träge herumsitzende und liegende Männer. Grohmann und seine Begleiter wurden für sovieticos, für sowjetische Seeleute gehalten, die hier eine Fischereibasis betrieben. Und vor allem wurden sie davor gewarnt, die Hauptstraße zu verlassen und eine Nebenstraße zu betreten. Schon so mancher kam von dort nicht nur ohne Pass und ohne Geldbörse, nein, auch ohne Hemd, Hose, ohne Schuhe und Strümpfe, lediglich mit einer Unterhose am Leibe wieder zurück, sogar ohne diese wurden schone etliche Fremde angetroffen. Das war Panama City.

Dafür entschädigte nachts ein Blick in den südlichen Himmel: eine nie vorher gesehene Schwärze der Nacht, ein solches Glitzern der Sterne, der Halbmond steht nicht aufrecht als Sichel, wie im Norden, hier ist er ein Boot am Himmel, ein Himmelsschiff, und dann das Kreuz des Südens, prachtvoll!

Über die ausgefallene Äquatortaufe ist Grohmann nicht böse, im Gegenteil, da sie die Einzigen gewesen wären, die eine solche Taufe noch nicht erlebt hatten, wäre es einigen der Crew wohl ein besonderer Spaß gewesen, den Gästen einmal zu zeigen, was ein echter Seemann alles aushalten kann und muss. Aber eine schöne Urkunde mit Neptuns Unterschrift erhielten sie trotzdem.

Auf der Fahrt nach Puerto Bolivar wurden nun die Laderäume vorgekühlt. Walter bekam jetzt mehr Arbeit.

Dann begann eine hektische Arbeit an Bord, alle Türen und Schotte in den Aufbauten wurden bis auf eine dicht verrammelt, alle Gegenstände an Deck, die nicht niet- und nagelfest waren, wurden unter Deck geschafft.

„Was ist denn nun los?", wollte Grohmann wissen, „droht ein Sturm?"

„Ja, so ähnlich", bekam er als Antwort, „sowie wir festmachen, strömen Massen von Einheimischen an Bord,

Händler für alle möglichen Sachen, aber auch Leute, die in die Kammern oder andere Räume gelangen wollen und mitnehmen, was sie kriegen können, das müssen wir unterbinden."

Nach dem Festmachen im Hafen geschah es wie erwartet. Händler mit Früchten, Schnitzwaren, Stricksachen aus Lamawolle hatten im Nu das Deck besetzt und ihre Waren ausgebreitet. Der einzige Zugang zu den Aufbauten wurde durch eine Wache kontrolliert. Auf die Reisenden nach Cuenca wartete ein Bus bereits an der Pier. Sechs Leute machten es sich im großen Bus bequem. Einer der Kühlmeister, eine der Stewardessen mit ihrem Freund aus der Deckscrew und die drei Gäste traten die Fahrt an. Nach der als armselig empfundenen Stadt Machala nur noch ärmer erscheinende Dörfer, umgeben von riesigen Bananenplantagen, gefolgt von Zuckerrohrfeldern und dann nur noch die Anden, blanker Fels, aber auch Lehmhänge.

Nach abenteuerlicher Fahrt auf engen Gebirgsstraßen, überlaut und in Dauer beschallt mit südamerikanischer Musik aus übergroßen Lautsprechern hielt der Bus dann vor dem Hotel El Conquistador in Cuenca. In der Lobby wartete Herr Galajo bereits auf seine Gäste. Draußen stand sein in die Jahre gekommener PKW Lada.

Die Stewardess und ihr Freund hatten andere Pläne, so konnten die Gäste und der Kühlmeister zur Stadtrundfahrt einsteigen. Rege Gespräche gab es, Besichtigung der Altstadt mit Kathedralen und schönen spanischen Höfen, Rundblick von den umgebenden Höhen auf die Stadt mit etwa zweihunderttausend Einwohnern, dreihundertfünfzig Jahre alt und der Lage nach auf einer Hochebene mit zweitausendfünfhundert Meter über NN. Über Wirtschaft wurde informiert und über Bildung, Cuenca hat eine Universität, und unser Reiseführer war dort Dozent für Ökonomie.

Herr Galajo war derart angetan von seinen Gästen, dass er sie, und zwar alle, zum Abend in sein Haus zu einem Umtrunk einlud.

Die sechs vom Schiff stellten sich vor, ihnen wurde die Familie präsentiert, die Frau Heidi, geboren in Leipzig, die beiden Töchter von neunzehn und sechzehn Jahren, sie verschwanden gleich zu einem Folklore-Konzert, sprich Popkonzert, und die beiden Hunde.

Herr Galajo hatte bis Anfang der sechziger Jahre in Leipzig Ökonomie studiert und seine Frau Heidi, eine Friseurin, mitgenommen nach Cuenca. Beide waren vor fünfzehn Jahren das letzte Mal in der DDR gewesen, waren hoch interessiert an allen Entwicklungen dort, doch informativ auf das angewiesen, was die offiziellen Quellen hergaben, Material der Botschaft, mal ein Brief von zu Hause, und die Zeitung Neues Deutschland hatten sie abonniert. Sie erhielten sie immer ein paar Tage später, manchmal gar nicht. Der Gastgeber servierte eine Bowle mit Früchten, angesetzt mit Zuckerrohrschnaps, dazu Häppchen.

Zuerst war das Fragen an den Gästen in Richtung Frau Heidi. Vor allem die Stewardess wollte viel wissen. Ja, so die Hausherrin, es war schon anfangs problematisch, denn in Ecuador in der Mittelschicht, zu der man nun gehörte, ist die Rolle der Familie entscheidend, bei aller Fortschrittlichkeit des Ehemannes. Die junge Hausfrau aus Deutschland will im Haushalt selbst Hand anlegen? Aber, aber nein, man hat eine Haushaltshilfe, die Hausfrau überwacht nur deren Tätigkeit. Die junge Frau kann doch nicht mit ihren Händen im Garten arbeiten, dazu hat man einen Gärtner. Und was, die junge Frau will als Friseuse arbeiten? Völlig unmöglich, dann eher einen eigenen Salon eröffnen, aber nicht mitarbeiten, nein, die Kunden empfangen, die Mitarbeiter beaufsichtigen und die Kasse verwalten, das wäre gerade noch möglich. Ansonsten existieren im Land der Kapitalismus in Reinkultur, extreme soziale Widersprüche – großer Reichtum hier, bittere Armut dort, vor allem bei den Indios. Jeder ist sich selbst der Nächste, Korruption überall, selbst bei der Polizei, politische Parteien wären nur die Mittel zum Zweck für wenige, ihre persönlichen Ziele zu erreichen. Deshalb wäre die Zuversicht in den Sozialismus groß.

Und wie geht es voran bei Ihnen in der DDR?

Da platzte es geradezu heraus aus der Stewardess: „Voran in der DDR? Gar nichts geht voran, wenn etwas vorangeht, dann ist es der Niedergang, nichts klappt mehr, alle wollen fort, Österreich hat die Grenze zu Ungarn geöffnet, dort wollen alle hin, oder sie besetzen Botschaften der BRD in der CSSR, in Polen, Demonstrationen in der DDR, Zusammenkünfte von Leuten, die fortwollen oder etwas anderes wollen, Bildung von Vereinigungen, von Parteien und von Organisationen, die Opposition sind – das geht voran."

Ihr Freund saß dabei und nickte zu ihren Worten nur mit dem Kopf, der Kältemeister genoss die Bowle und schwieg. Und was taten die Serviceingenieure? Grohmann, Frieder und Werner bemühten sich, die scharfen Spitzen in den Äußerungen der jungen Frau etwas abzumildern, doch negieren konnten sie im Grunde die Aussagen nicht.

„Waren denn das nicht nur ein paar Provokateure, die Aufmerksamkeit erhalten wollten und die schnell zur Ordnung gerufen wurden?", fragte Herr Galejo.

„Ordnung und Sicherheit sind in der DDR schnell herzustellen", ließ sich der Kühlmeister plötzlich vernehmen.

„Und was wird?", fragte Frau Heidi, „unsere Hoffnung auf eine bessere Zukunft sind doch nur die Sowjetunion unter Gorbatschow und die DDR."

„Das wurde doch mit dem Vergleich abgetan, dass man seine Wohnung nicht auch renovieren müsste, nur weil es der Nachbar tut, die DDR renoviert nicht."

Und so ging der Abend in Cuenca mit vielen Gesprächen, aber ohne Zuversicht für Familie Galajo in den Sozialismus zu Ende.

Zurück im Hafen fanden die Ausflügler die Ladearbeiten im vollen Gange. Es wurde Zeit, mit den Aufschreibungen fortzufahren.

Das Schiff war voll, hat etwas mehr als dreitausend Tonnen Bananen geladen. Sie waren auf Heimreise, die neuen Betriebswerte verlangten alle Aufmerksamkeit. Aber bald stellte sich der normale Zustand ein, der sich bis nach Rostock nicht mehr wesentlich änderte. Sie konnten an die Auswertung und später an die Zusammenfassung gehen.

Es war Nacht, das Schiff dümpelte vor sich hin, Grohmann wachte auf und konnte nicht wieder einschlafen, die Wärme in der Kammer oder die leichten Bewegungen, die stetigen leisen Geräusche – irgendetwas störte und ließ ihn nicht zur Ruhe kommen. Ein Blick zur Uhr zeigte zwei Uhr Bordzeit. Nach einigem Hin-und-Herwälzen im Bett stand er auf, um der Brücke einen Besuch abzustatten. Er kam in die Hundewache, also die Wache in der Zeit von Mitternacht bis vier Uhr früh, die Wache, die an Bord nicht gerne gegangen wurde, weil alle anderen schliefen, und die zwei auf der Brücke, der Wachoffizier und der Rudergänger, hatten sicherlich im Laufe der Jahre schon mehrmals miteinander diese Wache absolviert und hatten kein Thema, keinen Gesprächsstoff mehr. Also hockte der Wachoffizier auf seinem Schemel in der Ecke auf der Steuerbordseite und der Rudergänger stand wie eine Säule am Ruder, und beide starrten wortlos in die Nacht. Da kam ein Besucher gerade richtig.

Grohmann, nur mit einer kurzen Pyjamahose bekleidet und mit Latschen an den Füßen, schlurfte auf die Brücke und postierte sich neben dem Wachhabenden. Es war ausgerechnet der Chiefmate, der erste Nautische, der Parteisekretär und Nörgler, der Besserwisser und Wettenanbieter, der Diskutierer, der sich vornehmlich Grohmann als Partner ausgesucht hatte. Er drehte sich nur kurz um und hatte gefunden, was er offensichtlich vermisste, einen Partner, besser einen Zuhörer, denn zu dieser Zeit hängen die Gedanken und die brauchen jemanden, der zuhört. Und so bekam Grohmann den ganzen Seelenschmerz des Chiefmate zu hören.

„Na, das soll nichts werden mit dem Sozialismus?", so begann Schrader ein Gespräch. Er hatte wohl von der Diskussion bei den Galajos gehört, er kannte diese Familie ebenfalls.

„Die Leute haben nicht die Informationen über die reale Lage und deshalb einige Ansichten, die nicht mehr stimmen", entgegnete Grohmann, „aber ihr habt ja hier an Bord ein paar Leute, die können scharf diskutieren, die Galajos waren echt schockiert."

„Die haben ja keine Ahnung von der Realität im Sozialismus, schweben über den Wolken, da kann man schon auf die Nase fallen, denn wenn die wüssten", ergänzte der Chiefmate und startete seinen Monolog über Ziele und Ergebnisse im realen Sozialismus, über fehlenden Aufstieg im Beruf, vom Mitmachen in der Partei und von der quasi Pflicht zur Tätigkeit als Parteifunktionär, sprach von der Konkurrenz unter den Kollegen, von Problemen in der Familie, von seiner Ansicht über den Kapitalismus, über Disziplin, über Ordentliche und Unordentliche, über

Fleißige und über Faule, über Weiße und über Farbige, über Süd und Nord und Ost und West und so weiter und so fort.

Grohmann brauchte nichts zu erwidern, er setzte sich auf die Backbordseite der Brücke und stierte nun seinerseits in die Nacht. Und er sinnierte über die Insel „Schiff" – räumlich, menschlich, politisch und sonst so.

Die Reise war bald zu Ende, der Bericht inzwischen handschriftlich fertig. Und heil an Leib und Seele sowie ausgestattet mit zwei Kartons Bananen als Geschenk des Kapitäns langte Grohmann wieder zu Hause an.

Der Bericht war bald per Maschine geschrieben, die Diagramme und Bilder eingeordnet. Grohmann übergab dem Projektkoordinator im Hause die Ausarbeitung. Viel Interesse fand er nicht, der Koordinator fand auch keinen richtigen Gesprächspartner für das Projekt bei der Deutschen Seereederei mehr, man hatte inzwischen andere Themen, die wichtiger waren. Über das Projekt „Mittelgroßes Kühlschiff" wurde nicht mehr gesprochen. Aber eine schöne Reise war es.

Kapitel 10

Klar zur Wende?

Nach der Haupturlaubszeit fanden sich die Mitarbeiter der Abteilung Maschinenanlagen so langsam wieder am Arbeitsplatz ein. Die Abteilung war sogar größer geworden. Hatte man früher in anderen Bereichen gern auch Maschinenbauingenieure beschäftigt, einmal, um durch die Anzahl der Mitarbeiter die Bedeutung seines Bereiches hervorzuheben, und zum anderen, um für eventuelle Fachfragen, zum Beispiel im Bereich Außenwirtschaft, selbst gewappnet zu sein, so war nun festzustellen, dass man bestrebt war, die Anzahl möglichst zu reduzieren. Und so hatte Grohmann plötzlich drei Mitarbeiter mehr, die er auf Anweisung der Kaderabteilung aufzunehmen hatte. Die beiden älteren Kollegen setzte er ein, um Analysen des Weltstandes auf verschiedenen Gebieten des Schiffsmaschinenbaus auszuarbeiten Der jüngere war Christoph Hellmann, der schon eine Zeit lang bei ihm war.

Dazu mussten die „Seefahrer" feststellen, dass in der Zeit ihrer Schiffsreise plus Urlaub ein neuer WTZ-Chef das Kommando im Haus übernommen hatte.

Und es fiel auf, dass in den paar Wochen inzwischen die Stimmung im Hause eine ganz andere war als früher, viele Gespräche und Diskussionen, teils aggressiv geführt, über die Zukunft des Hauses und des Kombinates, über Flüchtlinge, über Politik.

Der Zeitungskiosk auf dem Brink vor dem Hause, früher wie verloren stehend, war morgens dicht umlagert, um von den neuen Veröffentlichungen so viel wie möglich zu ergattern, erst wurde gelesen, dann diskutiert.

Aus dem Kreis der Elektriker im Hause hatte ein Kollege den Antrag auf Verwandtenbesuch in der BRD gestellt, er wollte gemeinsam mit seiner Frau fahren, die ebenfalls hier arbeitete. Zum allgemeinen Erstaunen erhielten beide zusammen die Genehmigung, fuhren ab und schickten danach eine Postkarte, dass sie dortblieben und nicht zurückkehrten.

Christoph Hellmann bat Grohmann um ein vertrauliches Gespräch. Hellmann – der Name hatte in Rostock einen gewissen Klang. Sein Vater Karl Hellmann war Werftdirektor in Rostock, daneben aber auch noch Schauspieler, Schriftsteller und Maler, also Künstler. Seine Mutter Editha Hellmann war Schauspielerin am Volkstheater Rostock, dazu wirkte sie in DEFA- und Fernseh-Filmen mit und war durch ihre Rolle einer Arbeiterfrau in den beiden Thälmann-Filmen auch eine politische Figur, dazu Nationalpreisträgerin und Trägerin des Vaterländischen Verdienstordens der DDR.

Christoph war der Jüngste der Hellmanns, ein Nachkömmling, aufgewachsen „mit Geld und Kindermädchen", wie er selbst einmal erzählte. Er war nicht Mitglied in der Partei. Er „schlurfte" so durch das Leben, absolvierte eine Lehre, danach einen Ingenieurschulabschluss, und Arbeit mal hier, mal da, schließlich im Hause des Instituts gelandet, und hier Tätigkeit bei einem „Beauftragten für …", bis er bei Grohmann landete.

Grohmann hatte ihn Klaus Gutzmer zugeordnet, Hellmann sollte mit diesem zusammen das Gebiet Großmotoren bearbeiten. Klaus war mit ihm nicht zufrieden, den Arbeitsstil und das Arbeitstempo hier war Hellmann nicht gewohnt. Aber sie meinten, ihn schon im Laufe der Zeit an ihr Niveau heranzuführen. Doch in letzter Zeit ging es bei ihm in die andere Richtung. Er muffelte herum, ging oft vom Arbeitsplatz fort und kam schweigend wieder. Grohmann musste dringend mit ihm reden.

Und nun kam er von selbst.

„Ich werde einen Ausreiseantrag aus der DDR stellen", sagte er.

„Was ist denn los mit dir? Wie kommst du plötzlich auf eine solche Idee?"

„Meine Frau hat mich mit meinem kleinen Sohn verlassen, ich will meinen Sohn zurück."

„Und die ist drüben?" – „Ja" – „Versuche doch, dass sie zurückkommt." – „Nein." Und er ging wortlos.

Er war mit einer Zahnärztin verheiratet, die in einer Poliklinik in Rostock tätig war. Im lockeren Gespräch hatte er schon einmal angedeutet, wie groß der Unterschied in der Bezahlung oder im Einkommen von Zahnärzten hier und drüben wäre. Und dass es seine Frau drüben viel besser hätte. Wir vergaßen diese Gespräche bald wieder. Aber nun? Sie war offensichtlich „abgehauen", in den Westen gegangen. Und Hellmann wollte hinterher.

„Schöner Mist", fluchte Grohmann vor sich hin; er hatte nun einen Vorgang auszulösen, so war die Vorschrift, die kürzlich für alle verbindlich verkündet wurde.

Zunächst hatte er seinen unmittelbaren Vorgesetzten von dem Gespräch in Kenntnis zu setzen, danach die Kaderabteilung zu informieren. Seinen Kollegen wollte er die Information auf dem kleinen Dienstweg übermitteln, aber sie wussten schon Bescheid, der Buschfunk hatte die Nachricht auf unserem Flur verbreitet.

Es dauerte nicht lange, und Grohmann bekam eine Einladung der Abteilung Kader zu einer „Beratung über spezielle Kaderprobleme". Im großen Sitzungssaal des Kombinatsgebäudes trafen etwa zwölf Kollegen zusammen.

„In euren Abteilungen sind Kolleginnen und Kollegen, die einen Antrag auf Ausreise aus der DDR gestellt haben oder die beabsichtigen, einen derartigen Antrag zu stellen. Diese Anträge müssen zurückgewiesen werden, besser noch ist es, wenn diese Leute den Antrag selbst zurücknehmen, noch besser, wenn die Anträge erst gar nicht gestellt werden. Deshalb werdet ihr hiermit beauftragt, eine Ausreiseabwehrkonzeption für jeden betroffenen Kollegen zu erarbeiten und hier bei uns einzureichen. Nach dieser Konzeption habt ihr mit den Kollegen zu arbeiten", das war die Kernaussage des Kadermenschen.

Es folgte eine parteipolitisch fundierte Aufzählung von Argumenten, die in der Konzeption enthalten sein sollten: Arbeit mit dem Menschen, zuhören, eingehen auf persönliche Probleme, Verbesserung der Arbeits- und Lebensbedingungen und so weiter bla-bla-bla.

Was sollten diese Ausführungen helfen bei Hellmanns Gründen? Eine Diskussion auf diesem Gebiet mit der Kaderabteilung verkniff sich jeder der Zuhörer. Sie dachten wohl alle ähnlich.

Und es folgte noch eine Information über die konterrevolutionären Kräfte, die einen untauglichen Versuch unternehmen würden, die sozialistische Ordnung in der DDR zu untergraben: Neues Forum, Demokratischer Aufbruch, Demokratie jetzt, Deutsch Soziale Union, Initiative für Frieden und Menschenrechte, Grüne und kirchliche Kreise, sogar die SPD wolle man wieder gründen zur Spaltung der Arbeiterklasse! – so wurde vom Redner der Kaderabteilung informiert. Wachsam sein, das wäre die Losung der Stunde, um allen solchen Bewegungen von vornherein aktiv entgegenzutreten.

Was die Kämpfer gegen die Konterrevolution jedoch nicht wussten und auch nicht ahnten, dass ausgerechnet ein bekannter Spezialist aus dem Kreis der Werkstoffleute aus der Abteilung von Dr. Heide, ein promovierter Chemiker, zum Kreis der Führung der neuen SPD, erst einmal SDP genannt, gehörte und später dann Minister und Ministerpräsident des Landes wurde.

Ein Blatt DIN A4 mit einigen Argumenten hatte Grohmann als Konzeption bald geschrieben und der Kaderabteilung zugeschickt, er hörte davon nie wieder etwas.

In der nächsten Arbeitsbesprechung mit allen Kollegen musste Grohmann über die Angelegenheit offiziell informieren. Es wurde sofort heftig diskutiert, auch ohne Abwehrkonzeption, Grundhaltung: Das überlege dir nochmal.

Plötzlich stand Christoph auf: „Ich möchte darüber mit euch nicht diskutieren, oder ich verlasse den Raum, im Übrigen werde ich an den kommenden Arbeitsberatungen hier nur noch teilnehmen, wenn Punkte der fachlichen Arbeit besprochen werden, wenn Punkte der politischen Arbeit oder der Angelegenheit des Kollektivs, sozialistischer Wettbewerb und so besprochen werden sollen, nehme ich nicht mehr teil", und er verließ den Raum.

„Vielleicht beruhigt er sich wieder", meinte Grohmann, „und ob im Gegenteil dann Arbeitsverweigerung oder Ähnliches vorliegen wird oder nicht – ich werde mich erkundigen und mit ihm danach reden."

Christoph Hellmann trat dann seinen Urlaub an. Er hatte kein Ziel und keine Anschrift hinterlassen und wollte zwei Wochen lang allein mal hierhin und mal dorthin fahren.

Der Urlaub war vorbei, Klaus kam zu Grohmann, „Christoph ist heute nicht zur Arbeit erschienen."

„Warten wir den Tag ab, morgen ist er sicherlich wieder da."

Doch auch am nächsten Morgen war er nicht da, ein Anruf bei ihm zu Hause – er hatte als Einziger der gesamten Abteilung einen privaten Telefonanschluss – ergab keine Reaktion. Grohmann musste wieder eine Informationskette bedienen.

Das Telefon.

Elvira kündigte an: Frau Hellmann ist am Apparat. Grohmann meldete sich.

Ein Wortschwall quoll aus dem Hörer:

„Wissen Sie, wer ich bin?" so begann sie, „ich bin Frau Editha Hellmann, Sie haben sicher schon von mir gehört", es folgten weitere Erläuterungen zu ihrer Person. Grohmann bestätigte, dass er von der Bühne des Volkstheaters, aus Filmen und Fernsehspielen her wisse, wer Editha Hellmann ist.

„Und ich habe gute Verbindungen zur Partei, zur Bezirksleitung, ich kann den Genossen Ernst Timm, den ersten Sekretär der BL jederzeit direkt anrufen", setzte sie fort, um ihrem Gesprächspartner den notwendigen Respekt einzuflößen. Das war nun geklärt.

„Und was kann ich für Sie tun, wie kann ich Ihnen helfen?", wollte Grohmann nun von ihr wissen.

„Mein Christoph ist nicht erreichbar, ich mache mir große Sorgen, sein Urlaub ist doch vorbei, und er meldet sich nicht, er liegt sicherlich zu Hause, hilflos, kann sich nicht bewegen. Sie müssen sofort zu ihm nach Hause und nachsehen, was dort passiert ist, Sie müssen ihm helfen."

„Wenn er dort liegen sollte, er noch nicht mal anrufen kann, dann macht er auch die Tür nicht auf."

„Dann brechen Sie die Tür auf, meine Unterstützung haben Sie dafür."

Aus ihren Worten klang echte Sorge.

„Er hätte sich auf diese Frau niemals einlassen sollen, die nur ihren Vorteil im Auge hat und nun von den hohen Gehältern der Zahnärzte drüben abhaben will, und nahm das Kind mit und Christoph ist todtraurig, bitte helfen Sie!"

Jetzt klang sie auch traurig. Grohmann versprach zu tun, was man tun konnte, vor allem Gewissheit zu verschaffen, dass in der Wohnung niemand liegt und zu Schaden gekommen ist.

Sie berieten hin und her, dann rief Grohmann den Justitiar an und bat um Rat.

Der meinte, Grohmann habe als verantwortlicher Leiter die betriebliche Pflicht, die Situation eines Betriebsangehörigen zu klären, und empfahl, wenn niemand nach Klingeln und Klopfen öffnet, in Anwesenheit eines Volkspolizisten des zuständigen Reviers und eines Hausmeisters oder eines Beauftragten der Wohnungsgenossenschaft die Wohnung öffnen zu lassen und die Lage zu überprüfen.

Nach entsprechenden telefonischen Kontakten mit der VP und der AWG wurde ein Termin vor der Wohnung von Hellmann vereinbart.

„Klaus, du wohnst ja in Lütten-Klein und Friedrich auch, ihr beide fahrt hin und erledigt die Wohnungsbesichtigung."

Am nächsten Morgen berichteten die beiden, dass natürlich niemand auf das Klingeln und Klopfen geöffnet hat, der AWG-Mann hatte auch schon Werkzeug dabei und unter Aufsicht des Polizisten wurde die Wohnungstür geöffnet.

„Die Wohnung ist völlig aufgeräumt, alle Vorhänge waren geschlossen, kein Christoph anwesend, kein Schriftstück, kein Brief war zu entdecken."

Der Polizist hatte danach die Wohnung versiegelt, das war's.

„Dann wird der Gute wohl schon einige Tage in einer BRD-Botschaft verbringen."

Also wieder Informationen an den Vorgesetzten und an die Kaderabteilung. Und Grohmann musste nun Editha

Hellmann – NPT – anrufen. Bei seinen Worten über die geöffnete, leere und aufgeräumte Wohnung, die nun versiegelt wurde, war ihr Weinen nicht zu überhören. Sie bedankte sich kurz und legte auf.

Einige Wochen später erhielt die Abteilung eine Postkarte aus Hof in Bayern. Christoph Hellmann sendete darin beste Grüße an die Kollegen und teilte mit, dass er als Ingenieur für Qualitätskontrolle in einem bekannten Unternehmen der Metallbranche in Bayern tätig sei.

Es war Herbst geworden. Im Hause war eine eigenartige Grundstimmung eingezogen, eine Haltung zwischen Entschlossenheit und Resignation. Entschlossenheit, trotz aller Struktur- und Personaländerungen, trotz aller Gerüchte über eine unklare Zukunft die anstehenden Aufgaben fachgerecht zu erfüllen; Resignation, weil die politischen, die gesellschaftlichen Zustände nicht mehr so recht daran glauben ließen.

Zur „Anhebung des Niveaus der wissenschaftlich-technischen Arbeit" hatte der Generaldirektor eine Gruppe von jungen Wissenschaftlern aus der Sektion Schiffstechnik dafür gewonnen, im Kombinat tätig zu werden. Doch bis auf den ehrgeizigen Professor, den er zum Direktor für Technik eingesetzt hatte, waren die anderen kaum zu bemerken, pusselten aber überall mit.

Und zur großen Verwunderung hatte der Chef des Hauses zur großen Beratung eingeladen und mitgeteilt, dass sich alle Leiter darauf einstellen sollten, dass ihre Abteilungen in Zukunft nach dem Prinzip eines Profitcenters zu arbeiten hätten und sie dabei nach den Regeln eines ehrbaren Kaufmanns handeln sollten. Alle schauten sich verwundert an – woher hatte er denn diese Neuigkeiten? Und was erfolgt nun? – Nichts kam danach.

Im Hause war wieder einmal dieser Leiter für eine andere Aufgabe vorgesehen, ein neuer musste also kommen.

Ausersehen wurde dafür ein jüngerer promovierter Ingenieur aus der Propellerentwicklung des DMR, der sich in einem polemischen Zeitungsartikel darüber geäußert hatte, was wohl ein Ingenieur im Sozialismus wert sei. Das und die Verbindung zu einem der jungen Wissenschaftler hatten offenbar für die neue Funktion genügt.

Also, nun Dr. Phillip Otto, eher klein als mittelgroß, schmal, mit großer Brille und meist im selbstgestrickten Pullover, mit Jeans, und Sandalen an den Füßen, was so gar nicht in das Bild eines Institutschefs passte, wie die Sekretärinnen im Hause meinten.

Grohmann kannte ihn aus seiner Tätigkeit im DMR, wo Phillip Otto dafür bekannt war, dass er in Diskussionen auch mal auftrat, dass man meinen konnte, er würde Revolution mit drei R schreiben.

„Hallo, so trifft man sich wieder", vor Grohmann stand der neue Chef im Treppenhaus.

„Na, Phillip, dann man zu, dann setze mal deine großen Ideen vom Ingenieur im Sozialismus um, meinen Glückwunsch dazu hast du, und ein direktes Gespräch mit dir im Kreis meiner Kollegen über die Zukunft des Hauses wäre auch wünschenswert."

„Nun lass mich erst einmal Fuß fassen, ich komme darauf zurück."

Die Arbeit mit den Forschungs- und Entwicklungsthemen der Betriebe, die Zusammenarbeit mit der Sektion Schiffstechnik, die Kontakte mit den Zulieferbetrieben, das alles ging normal weiter. Aber ganz normal war es doch nicht, denn von den Betrieben des Kombinates schwappt immer wieder eine Diskussion herüber: Eigentlich brauchen wir euch gar nicht, die von euch geleistete Arbeit können wir auch selbst erledigen, und wir sparen Geld. Was war nur dran an der leidigen Polemik mit dem Geld?

Grohmann erinnerte sich, dass er einmal bei der Suche in der Bibliothek des Hauses eine Broschüre über die Anfänge des Instituts fand, in der auch dazu etwas dargelegt war. Also runter in die Bibliothek und wieder in der Ecke der Regale gesucht, und da war die Broschüre. Darin war das Statut des Instituts veröffentlicht, und darin stand u. a., dass das Institut ein spezielles sei, eine Haushaltsorganisation, was bedeutet, dass es keine Einnahmen erwirtschaftet, sondern durch eine Umlage der Betriebe finanziert wird. Und unter diesen Bedingungen hatten sich große Teile des Hauses zu einer bürokratisch-formalen Planbehörde entwickelt, das erforderliche Geld war immer vorhanden. Man konnte die Haltung der Betriebe in großen Teilen schon verstehen.

Grohmann diskutierte mit seinen Kollegen darüber. Einig waren sie sich, dass solche Gruppen, wie die zentrale Messgruppe, das Zentrallabor, die Schiffbauversuchsanstalt, das Rechenzentrum, aber auch ihre Gruppen der technischen Vorbereitung durchaus Chancen gegenüber den Betrieben haben würden, man müsste nur die Chancen richtig wahrnehmen.

Grohmann ließ trotzdem die Finanzfrage nicht los. Er kam nach Abschätzung zu dem Ergebnis, dass das Haus bei voller Belegschaft etwa 35–40 Millionen Mark pro Jahr brauchen würde, um zu überleben. Selbst wenn nur die Hälfte überleben sollte, dann wären immer noch 27 bis 20 Millionen pro Jahr notwendig, und woher sollten die kommen? Diskussionsbedarf gab es schon, im Hause war niemand dazu bereit.

Der vierzigste Jahrestag der DDR ging vorbei, die Zahl und die Umfänge der Demonstrationen nahmen zu, Menschenketten bildeten sich, zu der seine Frau ihn auch für das Mitmachen dort in der Nähe von Tessin im Nebel gewonnen hatte, Honecker trat zurück, die Mauer fiel,

Reisen in den Westen waren möglich, Willy Brand sprach vor vielen Rostockern in der überfüllten Marienkirche: „Es wächst zusammen, was zusammengehört."

Der Parteisekretär trat zurück, die Parteiorganisation löste sich auf, Grohmann gab, wie die meisten auch, sein Mitgliedsbuch der SED, sein Dokument, zurück. Eine Partei, die stets für sich in Anspruch genommen hatte, die Realität der politischen Zielstellungen wissenschaftlich untermauert zu haben, verschwand lautlos, verschwand wie eine Rauchschwade.

Dass die Partei politisch am Ende war, hatte Grohmann bereits nach seinem Parteischulbesuch für sich festgestellt. Dass sie nun auch institutionell und materiell bankrott war, zeigten die Auflösungen von Leitungsapparaten vom Zentralkomitee bis zur letzten Betriebsorganisation, von Parteischulen, Akademien, Instituten und selbst des MfS als „Schild und Schwert der Partei". Dass sie aber auch menschlich und moralisch am Ende war, machte die Suche nach einer Unterkunft ihres ehemaligen hohen Chefs Honecker deutlich, der endlich im Raum der Kirche eine Lösung fand und danach im Rahmen der Sowjetarmee. So endete eine Partei, in der man sich „Genosse" nannte und doch endlich keiner war.

So endete das Jahr 1989, und damit offenbar auch das Ziel Sozialismus. Konnte etwas so schnell enden, wenn es angeblich fest in den Köpfen verankert gewesen war? Oder waren es nur Lippenbekenntnisse gewesen?

Anfang Januar 1990 war es so weit, dass Kollege Phillip Otto in die so langsam schrumpfende Abteilung kam. Schrumpfend, weil die beiden älteren Kollegen das Angebot auf vorzeitigen Ruhestand mit Abfindung annehmen wollten und an der Aussprache über die Zukunft nicht interessiert waren, und Hellmann war ja fort.

Themen der Aussprache waren: Ziele und Aufgaben des WTZ, daraus Perspektive für die Beschäftigten und die Finanzierung. Das Gespräch war offen und freundlich, es ging hin und her. Doch keine Frage wurde von ihm so beantwortet, dass daraus eine Linie zu erkennen gewesen wäre. Und dann kam von ihm der Ausspruch: „Wer eine gute Arbeit außerhalb des Hauses hat, der sollte sie schleunigst annehmen." Außerdem habe er an die Kombinatsbetriebe das Angebot übermittelt, aus dem Haus komplette Abteilungen zu übernehmen, das Angebot sei aber immer abgelehnt worden.

„Über unsere Köpfe hinweg?" – „Warum nicht, war ja eine gute Absicht."

Es bestünde noch die Möglichkeit, das WTZ der Stadt Rostock oder der örtlichen Industrie anzubieten.

Grohmann und seine Kollegen waren von diesen Aussichten, die keine waren, betroffen und schockiert. Sie wurden schon „angeboten".

„Unter diesen Bedingungen sollen wir die Erzeugniskonzeption, speziell die Motorenkonzeption, fertigstellen und umsetzen?"

Antwort: „Dieses WTZ ist nicht mehr zuständig für Erzeugniskonzeptionen im Kombinat, das ist nun allein Aufgabe der Betriebe."

Einige Tage später erhielt Grohmann eine Einladung zu einer Feierstunde. Im großen Saal der Neptunwerft sollte verdienten Mitarbeitern für ihre langjährige Tätigkeit im Schiffbau gedankt werden.

Grohmann hatte Anfang Januar 1960 im DMR mit seiner beruflichen Tätigkeit begonnen und war damit nun 30 Jahre im Schiffbau und Zulieferbetrieben tätig. Es sollte eine Urkunde und eine Prämie geben, die der Generaldirektor übergeben wollte. Grohmann beschloss, diese Gelegenheit zu nutzen.

Als er an der Reihe war, überreichte ihm der GD die Urkunde und den Umschlag und sprach ihm mit breitem Lächeln und kräftigem Dauerhändeschütteln den Dank der Leitung aus, verbunden mit dem Wunsch nach weiterer schöpferischer Mitarbeit. Grohmann bedankte sich ebenfalls mit breitem Lächeln und Fortsetzung des Händeschüttelns und kündigte einen Brief an, in dem die vielen Fragen aufgeführt werden sollten, die im Hause bestehen und auf die eine baldige Antwort erwartet wird. Worauf der GD weiter mit breitem Lächeln und Händeschütteln meinte, dass das eigentlich nicht erforderlich wäre, denn die normalen Informationen würden ausreichen, aber hindern könnte er ihn auch nicht. Dann wurden Lächeln und Händeschütteln zwischen den beiden beendet, denn der nächste Auszuzeichnende war dran.

Den Brief schrieb Grohmann dann als offenen Brief in Voraussicht, dass keine Antwort erfolgen würde und er dann dieses Schreiben veröffentlichen würde.

Er wollte gerade den Brief persönlich im Sekretariat des GD abgeben, da kam Beinemann zufällig zur Tür herein.

„Hier ist mein angekündigter Brief, ich hoffe, dass ich darauf bald eine Antwort erhalte."

„Gib mir etwas Zeit, so etwa einen Monat, dann kann ich darauf antworten."

Grohmann war einverstanden. Er hatte das Schreiben als Kopie auch an den Direktor WuT und an Phillip Otto gegeben, damit die sich nicht umgangen fühlen sollten.

Der Buschfunk meldete, dass die leitenden, nein, nicht Genossen, die leitenden Kollegen, noch nicht Herren, das kam später, also die leitenden Kollegen an einem Vorhaben, an einem Konzept basteln würden, nach dem alle Betriebe des Kombinates auch in Zukunft unter marktwirtschaftlichen Bedingungen zusammenbleiben sollten. Die Kombinatsleitung sollte als eine Holding – man musste erst einmal im Lexikon nachlesen, was eine Holding sein sollte –, eine Aktiengesellschaft darstellen, und die Betriebe würden dann Töchter der AG sein, dabei sollte das WTZ, oder wie es neuerdings hieß „Ingenieurzentrum", eine der Töchter werden.

Grohmann musste Kasse machen, Bilanz ziehen und abschätzen, mit wem er noch in seiner Truppe rechnen konnte und was in nächster Zeit vorgenommen werden sollte oder musste.

Außer ihm war der bewährte und zuverlässige Kollege Klaus Gutzmer; dann die „Perle" Elvira Baske, Sekretärin, schnell, korrekt und zuverlässig; dann Friedrich Grau und Willy Rappelmann, auf die er ebenfalls nicht verzichten wollte. Anders war es schon beim Kollegen Geiger – oft unpünktlich, langsam in der Arbeit, auch nicht fehlerfrei. Die beiden älteren Mitarbeiter Häusler und Handke wollten, so schnell es ging, in den Vorruhestand gehen, und Hellmann war von selbst gegangen. Zu fünft sollte es also in die Zukunft gehen.

Sie saßen zusammen.

„Warten auf die Umwandlung, nicht wissen, wie weit wir davon betroffen werden und dann nach Aufträgen suchen, damit verlieren wir nur Zeit", meinte Klaus. „Du", und er zeigte auf Grohmann, „gründest ein Ingenieurbüro und wir machen mit."

„Andere sind schon auf diesem Wege", ergänzte Friedrich.

„Wir sollten aber die Annonce in den VDI-Nachrichten nicht vergessen, in der diese Gesellschaft für Energiewesen in Kiel Mitarbeiter sucht", so Willy.

„Dann auch nicht das Gespräch mit Alfa Laval, in dem sie Mitwirkung bei ihrem Zulieferprogramm für Werften und Motorenbetriebe anboten", meinte Klaus.

Und dann waren da noch zwei Anzeigen in der Fachzeitung, die sich aber nur auf eine Person bezogen, weil jeweils eine Stelle ausgeschrieben wurde, also nichts für die ganze Truppe, nur für Grohmann persönlich, konnte man darauf eingehen und damit die anderen verlassen und auch enttäuschen? Oder war sich langsam jeder selbst der Nächste?

Die eine Anzeige war aus Berlin, Technische Universität, Fakultät für Maschinenbau, der Leiter des Labors für Verbrennungskraftmaschinen wurde gesucht.

Die zweite kam aus Rheinland-Pfalz, Fachhochschule Koblenz, es wurde eine Professur ausgeschrieben für die Fächer Kolbenmaschinen und Wärme-Kraft-Wirtschaft.

Beide Fachgebiete waren Grohmann vertraut.

Berlin – schön, das kannte er in weiten Teilen, aber Rheinland, Koblenz am Zusammenfluss von Rhein und Mosel, Rheinwein, Moselwein, Loreley – Begriffe, die früher als unerreichbar galten, aber die Distanz nach Rostock, da wäre kein wochenweises Pendeln möglich.

Alles Quatsch, lass das, suche mit den Kollegen nach Lösungen.

Aber Bewerbungen könnte man doch hinschicken, die Chancen waren nicht hoch, in Berlin vielleicht fünfzig Prozent, in Koblenz nicht mehr als zehn, doch wer sich nicht meldete, kam gar nicht in Frage, und als Notnagel, als Eventualität?

Die Familie schaute skeptisch, TU Berlin, das ging ja noch, aber Professor? Im Westen? Im Rheinland? Sie belächelten Ehemann und Vater und gingen ihrer täglichen Arbeit nach.

Egal, wer nicht wagt, der nicht gewinnt. Grohmann machte zwei Bewerbermappen fertig, so, wie er sich das vorstellte, weniger so, wie man es inzwischen im Westen gewohnt war, aber woher sollte er diese westlichen

Gepflogenheiten kennen? Per Einschreiben gingen zwei dicke Briefe DIN A4 auf Reisen.

Also, Ingenieurbüro – da musste man zunächst zum Rat der Stadt, Abteilung Örtliche Versorgungswirtschaft ÖVW. Dort bekam Grohmann einen großen Antragsbogen mit dem Titel „Gewerbeantrag" ausgehändigt, der ausgefüllt wieder dort abzugeben war.

Es waren anzugeben: persönliche Daten des Antragstellers, polizeiliches Führungszeugnis, Bescheinigung über die steuerliche Unbedenklichkeit, Nachweis über den beruflichen Abschluss und über Fachprüfungen, Anschrift der Betriebsstätte für das Gewerbe, Telefon-Nummer der Betriebsstätte, Anzahl und Größe der Betriebsräume, angemeldete Tätigkeit, Nachweis der fachlichen Eignung für die Tätigkeit, Datum des Beginns der angemeldeten Tätigkeit.

Grohmann studierte den Antrag hoch und runter. Die persönlichen Daten, die fachlichen Nachweise mit Hilfe von Diplom- und Promotionsurkunde sollten kein Problem sein, auch mit dem Führungszeugnis, ausgestellt vom VP-Kreisamt, und der Steuerbescheinigung vom Rat der Stadt, Referat Steuern, sollte alles glattgehen.

Er schaute sich im Kreis seiner Kollegen um: Also, wo finden wir die nötigen Betriebsräume, woher bekommen wir ein Telefon? Und selbst, wenn wir das hätten – woher bekommen wir einen Stuhl, einen Tisch, ein Regal, eine Schreibmaschine, und woher erhalten wir Kredit ohne Sicherheiten? Bitte Vorschläge!

Alle schauten bedrückt, Antwort kam keine. Die Idee Ingenieur Büro war geplatzt.

Also verfolgten sie das Angebot Energiesysteme Nord ESN Kiel.

Nach einigen Hin und Her bekam Grohmann dort nach Kiel eine telefonische Verbindung, es war einfacher, eine

Verbindung von West nach Ost als umgekehrt zu bekommen. Der Gesprächspartner verstand erst gar nichts, doch nach einigen Weiterverbindungen war der richtige Partner am Apparat. Grohmann wollte sich umfangreich erklären, doch war die Verbindung nicht besonders gut, so dass man vereinbarte, dass Grohmann nach Kiel kommt und man dort im persönlichen Gespräch die Sache erörtert.

Nachdem er seine Frau überzeugt hatte, mit nach Kiel zu kommen, fuhren beide in ihrem feuerroten PKW „Wartburg" los. In der Nähe des ESN-Büros war eine Einkaufspassage, und dort hatte man schon den Frühling mit künstlichem grünen Gras, mit Blüten, Blumen und zwitschernden Vögeln eröffnet, so dass seine Frau Ruhe und Muße hatte, sich alles anzuschauen. Sie vereinbarten einen Treffpunkt in der Passage, den sie alle halbe Stunde anlaufen sollte.

ESN war in einem mittelgroßen Bürogebäude untergebracht, alles neu und geschmackvoll eingerichtet. In einem mittelgroßen Beratungsraum traf er mit drei Herren zusammen. Man stellte sich vor, Grohmann sprach von der Annonce und von seiner Gruppe und ihrer bisherigen Tätigkeit sowie von ihrem Interesse, mit ESN auf dem Gebiet Energiewesen tätig zu werden. Es gab eine Reihe von Nachfragen der Kieler Herren, dann wurde Grohmann mit einem der Herren zu einer kleinen Erfrischung geführt.

Nach der Pause meinte der Gesprächsführer:

„Das alles, Herr Dr. Grohmann, ist sehr interessant für uns, und wir sind der Meinung, dass die Tätigkeit Ihres Teams gut in unsere Richtung passt; was die Form der Zusammenarbeit angeht, da haben wir einen speziellen Vorschlag – Sie werden eine Filiale von ESN in Rostock bilden. Wir werden ihnen den Entwurf einer

Vereinbarung zusenden, in dem entsprechende Regelungen mit der Leitung ihres Hauses enthalten sein werden. Daneben werden wir Sie und Ihre Kollegen zu einer Schulung einladen, damit Sie mit den grundsätzlichen Regeln unserer Tätigkeit vertraut gemacht werden – was halten Sie davon?"

„Hm, Filiale ESN, klingt erst einmal nicht schlecht, aber Arbeitsräume – wir haben gerade den erfolglosen Versuch eines Ingenieurbüros hinter uns."

„Dann bleiben Sie doch unter dem Dach Ihres Hauses, mit der Leitung lässt sich doch sicherlich ein Agreement darüber herstellen."

Grohmann fand seine Frau in der Passage wieder, sie fuhren einigermaßen froh gestimmt nach Hause.

Die Kollegen waren mit den Ankündigungen sehr einverstanden, die Leitung des Hauses nahm die Absprachen kommentarlos zur Kenntnis.

Aus Berlin kam ein dicker Briefumschlag, adressiert an Grohmanns Adresse. Die TU Berlin bedankte sich für das Interesse, teilte jedoch mit, dass in Angesicht der politischen Verhältnisse zwischen Ost und West sowie der Unmöglichkeit, persönliche Verhältnisse von Bewerbern aus den östlichen Bereichen zur Zeit objektiv klären zu können, keine Einstellungen aus der DDR oder Berlin-Ost vorgenommen werden könnten. Aus Koblenz lag bisher keine Reaktion vor.

ESN teilte mit, dass der Entwurf an die Leitung geschickt worden sei, und lud vier Personen zur Schulung ein. Grohmann mit Klaus, Friedrich und Willy machten sich wieder per „Wartburg" auf den Weg und wurden in Kiel gleich weiter in die Nähe von Flensburg geleitet, wo Schulungsraum und Unterkunft organisiert waren. Die behandelten Themen wurden zwar mit großen Worten vorgetragen, waren inhaltlich von der Arbeitsweise der Rostocker gar nicht so weit entfernt.

Nach einiger Zeit kam die Nachfrage aus Kiel, welchen Stand denn die Durchsicht ihres Entwurfes hätte. Grohmann reagierte erstaunt: „Ist denn der Entwurf schon hier?" – „Seit einigen Wochen bereits." Die Leitung hatte den Entwurf erhalten, in ihren Reihen in Umlauf gegeben, ohne Grohmann oder seine Truppe davon in Kenntnis zu setzen.

„Dann schicken Sie mir an meine Privatadresse eine Kopie des Entwurfs, damit wir uns auf Aussprachen dazu vorbereiten können", reagierte Grohmann.

Die Kopie kam, Grohmann erkannte, dass sich der eine oder andere aus dem Leitungskreis mit Sicherheit an einigen Teilen des Entwurfes reiben würde, aber sie wussten nun selbst Bescheid über den Text.

Neues Telefonat aus Kiel: Wir sollten einen Betrieb ausfindig machen, mit dem man über neue Lösungen sprechen könnte, sie würden mit zwei Vertretern kommen und gemeinsam solch ein Gespräch führen, als Probelauf gewissermaßen.

Da kam in der Vorbesprechung die Universität Rostock ins Blickfeld mit ihren völlig veralteten Heizhäusern, mit denen Kliniken und andere Einrichtungen versorgt wurden. Außerdem kannte Grohmann den Sachbearbeiter in Bereich Technik der Uni, der für solche Fragen zuständig war. Ein Anruf bei Manfred Häusler reichte, um seine Zustimmung zu einem Gespräch mit ESN zu erreichen.

Der Bereich Technik saß in der Südstadt in einer baufälligen Baracke. Mit Naserümpfen betraten die Kieler Herren das entsprechende Büro von Häusler, das auch nicht gerade mit Eleganz aufwarten konnte. Er hörte sich das Anliegen der Herren an, schilderte kurz die Situation der Energieversorgung im Bereich der Universität

Rostock und nahm die Ausführungen über Lösungsmöglichkeiten interessiert zur Kenntnis. Als so weit alles gesagt war, meinte er: „Das ist alles hochinteressant und sicherlich auch sehr zweckmäßig, nur, meine Herren, ich habe kein Geld, um so etwas zu bezahlen, ich habe dafür keine Mark, nicht in Ost, schon gar nicht in West, und ich habe keine Aussicht, dafür in Kürze Geld zu bekommen." Den Begriff Fördermittel kannte man damals noch nicht, zumindest nicht für die DDR.

Die Herren fuhren schnell wieder ab.

Der Entwurf einer Vereinbarung mit ESN landete nach dem Umlauf endlich auf Grohmanns Tisch. Wie sah das aus! Mindestens jeder zweite Satz war mit Korrekturen oder Streichungen oder Ergänzungen versehen, von dem Urtext blieb faktisch nichts. Ein eigener Entwurf war nicht dagegengestellt. Zwei Höhepunkte waren zudem herausgehoben: Der Vorschlag, am Haus eine Tafel anzubringen, worauf stehen sollte ESN Kiel, Filiale Rostock, war in Grund und Boden verdammt worden; dazu hatte jemand als letzte Bemerkung geschrieben: So will der Kapitalismus uns über den Tisch ziehen!

Und die Selbständigkeit der Gruppe, die dann nicht mehr der Leitung des Hauses unterstehen sollte, wurde abgelehnt, es wäre ja dann nur noch ein Mietverhältnis vorhanden.

Grohmann wusste nicht, ob er weinen oder lachen sollte. Da will die große Leitung aus einem real-sozialistischen Kombinat eine privatwirtschaftlich kapitalistisch orientierte Aktiengesellschaft machen und warnt gleichzeitig vor einer Vereinbarung mit einer privatwirtschaftlich tätigen Gesellschaft.

„Die haben nichts begriffen und werden noch ihr blaues Wunder erleben."

Die Absage an ESN war nur noch eine Formsache.

Es ging auf den Frühling zu.

Die SED hatte mit der verlorenen Wahl zur Volkskammer und dem Rücktritt der Regierung Modrow die letzte Machtposition eingebüßt. Es regierte die „Allianz für Deutschland" mit der CDU an der Spitze, auf den Straßen die Demonstrationen mit den Forderungen „Kommt nicht die D-Mark, gehen wir zur D-Mark" und „Wir sind ein Volk".

Die Gerüchte zum Umbau des Kombinates verdichteten sich zur Gewissheit. Ein Riesenkoloss von Werften und Maschinenbaubetrieben als Aktiengesellschaft, wobei noch zwei Betriebe zu den bereits vorhandenen extra dazukommen sollten: Maschinenbau Halberstadt und Dampfkesselbau Dresden. Und am Schluss ein Anhängsel, anstelle des Wissenschaftlich-Technischen Zentrums Schiffbau ein Ingenieurzentrum Schiffbau.

Zwei Briefe landeten auf Grohmanns Tisch.

Da war zunächst das Antwortschreiben auf den offenen Brief an den GD, vom Direktor für Wissenschaft und Technik, Prof. Dr. Ing. habil. Pilz beantwortet.

Rein formal fiel auf, dass der Brief ohne Anrede war. Bis vor kurzem lautete die übliche Anrede „Werter Genosse …", neuerdings begann man mit „Lieber Kollege …" oder mit „Sehr geehrter Herr …", nun begann der Direktor mit nichts.

Es wurde mitgeteilt, dass im Gegensatz zu den Gerüchten die wissenschaftlich-technischen Kapazitäten des ehemaligen Kombinates Schiffbau in fünf selbständige Einheiten überführt werden, die gewinnorientiert selbst verantwortlich sind für die Beschaffung von Aufträgen – der Begriff Akquisition setzte sich erst langsam durch – und für die Erwirtschaftung der notwendigen Mittel, innerhalb auch außerhalb der Deutschen Maschinen- und Schiffbau Aktiengesellschaft DMS AG.

Der Schlusssatz lautete ganz im Stil der alten Methode: Ich weise an, dass ... wörtlich. „Ich erwarte von jedem Mitarbeiter eine engagierte Einstellung und Kreativität bei der speziellen Profilierung seines Aufgabengebietes nach oben genannten Gesichtspunkten."

Die Informationen über die künftige Gestaltung des Schiffbaus nahmen nach einer Klausurtagung der gesamten Leitung immer genauere Konturen an. Die AG sollte mit 24 Tochterunternehmen und 54 000 Beschäftigten gegründet werden, die beim Übergang vom Sozialismus in den Kapitalismus eine Anschubfinanzierung von etwa 6 Milliarden DM benötigte.

Das zweite Schreiben kam aus Koblenz, der Dekan der Fakultät bat um noch etwas Geduld, man habe einige Probleme bei der Bearbeitung der vielen Bewerbungen. Also, die eigene Bewerbung noch im Rennen?

Klaus Gutzmer und Frank Grohmann saßen zusammen und bemühten sich, Lösungen zu finden, um ihre Gruppe am Leben zu halten. Es wollte ihnen einfach nichts einfallen, was kurzfristig weiterhelfen konnte.

„Ich gehe mal rüber ins Stammhaus und horche ein bisschen herum", meinte Klaus.

„Und ich werde dem neuen Betriebsdirektor des DMR auf den Pelz rücken, vielleicht ergibt sich dort doch eine Möglichkeit", so Grohmann, „schließlich habe ich ihn vor Jahren als Konstrukteur dort eingestellt, da wird er ja wohl eine Stunde Zeit für mich haben."

Klaus-Dieter Hofmann nahm sich die Stunde und erwiderte auf die Frage nach dem großen Konzern „Wir bleiben zusammen als großes Technologieunternehmen Schiffbau und Maschinenbau, der Name soll sogar die Bedeutung des Maschinenbaus hervorheben, denn das Unternehmen wird den Namen ‚Deutsche Maschinen- und Schiffbau Aktiengesellschaft DMS AG' tragen."

„Und daran, den Betrieb gar nicht in diesem Verbund zu belassen, ihn nicht in diesen Konzern zu überführen, sondern auszusteigen und sich einem anderen großen Maschinenbaukonzern anzuschließen, zum Beispiel der MAN, habt ihr überhaupt nicht gedacht, und im Land wird auch heftig gestritten ob Verbund oder Einzellösung der Betriebe."

„MAN, nein, da wären wir nur das fünfte Rad am Wagen, und im Verbund sind wir stark."

„Fünftes Rad ist doch Unsinn, erinnere dich, MAN hat die Dänen von B&W übernommen, und die stehen heute stark da."

Hofmann schüttelte den Kopf: „Es bleibt, wie es ist."

Grohmann stellte eine andere Frage, die ihn selbst seit einiger Zeit beschäftigte: „Ihr seid doch sicherlich der Meinung, dass DMR sein Profil mit Kreuzkopfmotoren halten kann, für Tauchkolbenmotoren hat Beinemann ja Halberstadt geholt. Wieso bist du der Meinung, dass DMR dann als einziger Betrieb in Mitteleuropa unter marktwirtschaftlichen Bedingungen diese sehr aufwendige Produktion hinsichtlich Kosten und Arbeitszeitaufwand halten kann? Überlege doch einmal: Vor einigen Jahren gab es noch etwa zehn Produzenten dieser Motoren in Europa: Götaverken in Schweden, Burmester&Wain in Dänemark, Doxford in England, in Holland die Firmen Storck und Werkspoor, in Italien Fiat, Sulzer in der Schweiz und in der BRD MAN, Borsig, Krupp. Alle mussten diese Fertigung einstellen, warum ist alles nach Japan und Südkorea gegangen? Du hast keine DDR-Bedingungen mehr mit bestätigtem Plan und planmäßigem Absatz, keinen sozialistischen Außenhandelsbetrieb Schiffscommerz, kein Amt für Preise mehr."

„Dazu soll ja die DMS gegründet werden, mit internem Zahlungsausgleich."

„Oh, ein kleines sozialistisches Kombinat im großen Kapitalismus, das soll funktionieren? Das soll die Konkurrenz akzeptieren? Und dafür werden sechs Milliarden DM gebraucht?"

„So wird es sein", war seine Antwort, „jetzt muss ich fort, die Arbeitsgruppe zur Erarbeitung der Eröffnungsbilanz wartet."

Grohmann schoss ein Gedanke durch den Kopf.

„Erfasst ihr mit der Bilanz auch die Werte der Grundstücke, auf denen das Werk steht?"

Hofmann stutzte: „Wieso Werte der Grundstücke?"

„Na, das DMR steht zum Teil auf dem Gelände des früheren Reichsbahnausbesserungswerkes, zum Teil auf dem Gelände, das der Stadt gehörte. Ich glaube nicht, dass die damals Verantwortlichen diese Grundstücke verkauft bzw. gekauft haben, das war gar nicht üblich, da genügten Nutzungsverträge, aber im Kapitalismus spielen Immobilien und deren Wert eine große Rolle, wie wollt ihr damit umgehen?"

„Weiß ich jetzt nicht, die zentrale Arbeitsgruppe hat dazu sicher eine Lösung erarbeitet."

Und fort war er, Aufgaben für Grohmanns Gruppe hatte er auch nicht.

Klaus kam ebenfalls ohne Aufträge zurück, an Nachrichten gab es einiges. So wurde über die EU-Beschränkungen der Schiffbaukapazitäten und über die unklare Situation der Schiffslieferungen, besser der Bezahlungen durch die Russen bei Einführung der DM in der Zentrale heftig diskutiert. Das große Projekt DMS fand nicht überall Zustimmung in den Leitungskreisen, so Klaus.

„Ich werde meinen Gesprächspartner bei Alfa anrufen", meinte er und kam mit dem Bescheid: „Wir beide sind eingeladen, zu denen nach Glinde bei Hamburg zu kommen und zu besprechen, was man gemeinsam bearbeiten kann."

Die schwedische Firma Alfa Laval war ein wichtiger Zulieferer für den Schiffbau und hatte im damaligen Zonenrandgebiet der BRD mit spezieller Förderung eine Niederlassung gegründet. Hauptprodukte waren Wärmetauscher und Separatoren zur Abscheidung von Feststoffen und Wasser aus Ölen und Kraftstoffen.

In Glinde wurden sie freundlich vom Verkaufsleiter empfangen und den leitenden Angestellten vorgestellt. Bei einem kurzen Rundgang durch einige Büros trafen sie einen ehemaligen Technischen Offizier der Deutschen Seereederei Rostock, der dort schon vor einem Computer saß und arbeitete und sie freundlich begrüßte.

Nachdem sie ihr Anliegen hinsichtlich einer Zusammenarbeit vorgestellt hatten, erwiderte der Verkaufsleiter:

„Wir haben ein hohes Interesse an der Zusammenarbeit, denken jedoch nicht an eine Übernahme einer Gruppe oder Abteilung. Wir möchten vielmehr Ihre Erfahrungen nutzen, um auf dem ostdeutschen Markt Fuß zu fassen und wir würden Ihre Herren hier bei uns schulen, damit Sie aktiv in die Marktarbeit eingreifen können."

Die Enttäuschung bei Grohmann und Gutzmer war ihnen anzumerken, denn der Sprecher ergänzte:

„Die Entwicklung kann natürlich dahin gehen, dass ihre ganze Gruppe beteiligt werden kann, und an Sie beide haben wir die Erwartung der Beteiligung an der Marktöffnung. Über die Finanzierung dieser Aktivitäten werden wir reden, wenn wir uns einig sind."

Auf der Rückfahrt zogen beide kurz Bilanz: Türöffner für Betriebe und Schulung zum Verkäufer, das war alles.

„Welche Alternative haben wir?", lautete die Frage zu Hause, zudem klar wurde, dass das gesamte Haus vor dem Nichts stand.

Mit dem immer deutlicher werdenden Marsch in die D-Mark war klar, dass der gesamte westliche Markt verfügbar war und jede Aktivität zur Vermeidung oder Ablösung von NSW-Importen entfiel, damit hatte etwa ein Drittel der Kollegen sein Arbeitsgebiet verloren. Sie wurden ja selbst zum „Nicht-Sozialistischen Wirtschaftsgebiet" Das zweite Drittel der Kollegen im Hause wurde entbehrlich mit dem Entfall des DDR-Formalismus auf dem Gebiet Leitung und Lenkung von Wissenschaft und Technik sowie der „Untersetzung" auf die Ebene Kombinat und Betriebe. Und dem letzten Drittel, zu dem sie gehörten, das sich noch mit Entwürfen und Projekten befasst hatte, stellte sich eine Flut von westdeutschen Instituten und Forschungseinrichtungen als Konkurrenz gegenüber, der sie nicht gewachsen waren.

Also machten sie zwei Verkaufsreisen und schickten erst einmal Friedrich Grau zur Schulung.

Er kam zurück, meinte, er habe gut gelernt, Verkaufsargumente an den Mann zu bringen. Danach fuhr der dicke Willy. Als dessen Zeit herum war, kam nicht er, sondern eine Postkarte mit dem Text: „Liebe Kollegen, beste Grüße aus Glinde, und ich möchte euch mitteilen, dass ich nicht zurückkomme, eine Wohnung habe ich auch bereits in Glinde gefunden. Alles Gute, Willy."

Grohmann war in dem Bemühen gescheitert, einer Gruppe von aktiven Ingenieuren beim Übergang in die Marktwirtschaft so behilflich zu sein, dass alle sich eine sichere Zukunft gestalten konnten. Aber die Stimmung war trotzdem zuversichtlich, auch in den Betrieben hieß es: Man wird uns schon nicht untergehen lassen, schließlich gehören auch wir zur DMS AG, die das Ziel verfolgt, alle Unternehmen zu erhalten. Also Stimmung zwischen Zuversicht und Skepsis.

Aus Koblenz erhielt Grohmann ein Schreiben des Dekans, in dem er zu einem Probevortrag eingeladen wurde, dabei als Anlage ein Verzeichnis des Fachbereiches Maschinenbau beigefügt war: „Themenvorschläge zur Probevorlesung auf dem Gebiet der Kraft- und Arbeitsmaschinen." Damit war klar, dass er zu den zwei oder drei noch verbliebenen Kandidaten für die Professur gehörte.

Es stand nun die Entscheidung an, entweder zehn Jahre bis zur Rente eine sichere und gut bezahlte Tätigkeit an einer Hochschule, zudem mit dem Titel Professor, oder zehn Jahre unklare Zukunft, vielleicht Arbeit, aber vielleicht auch Arbeitslosigkeit, und wenn Arbeit, dann wo und wie?

Andererseits eine räumliche Entfernung von Rostock von über 700 km, das war nicht geeignet, wochenweise zu pendeln, dann müsste man umziehen, und es müsste seine Frau mitmachen, und sie hing so an ihrem Lehrerberuf.

Nach vielen Gesprächen kam ihre Zustimmung, auch wenn sie ihren Beruf in Rostock aufgeben musste und für Koblenz ihre Aussichten nicht gut waren. Die Kinder waren erwachsen und hatten keine Probleme mit dem Umzug der Eltern.

Grohmann bestätigte den Termin des Probevortrages, gab als Thema an „Neue Entwicklungstendenzen auf dem Gebiet der Dieselmotoren, speziell durch Hochaufladung und Schweröleignung" und machte sich an die Ausarbeitung.

Zum Termin - es war noch vor der Währungsunion - hatte er alles „Westgeld" in der Familie zusammengekratzt, in Rostock Fahrkarten nach Koblenz und zurück noch für Mark der DDR bezahlt und sich auf die Reise begeben. Bis Hamburg war alles bekannt, aber dann

Bremen, Münster, Bochum, Essen, Dortmund, dann Köln mit dem Dom am Bahnhof, Bonn, Remagen und schließlich Koblenz am Rhein.

Der Vortrag vor voll besetztem Hörsaal verlief gut, Diskussion war nicht sehr umfangreich, die Atmosphäre freundlich. Ebenso die anschließende Aussprache mit den Angehörigen des Fachbereiches. Der Dekan versprach baldige Erledigung des Vorganges. Grohmann hatte das Gefühl, man wollte ihn einstellen.

Und so war es: Ein Brief des Kultusministeriums Rheinland-Pfalz enthielt die Mitteilung, dass der Einstellung zugestimmt wurde, dass der Vertrag zur Unterschrift durch den Bewerber in Koblenz bereitliege und dass damit einem Beginn der Tätigkeit als Professor für das Fachgebiet Kolbenmaschinen und Wärme-Kraft-Wirtschaft mit Beginn des Wintersemesters, also mit Datum 01. September, nichts mehr im Wege stünde.

Grohmann unterschrieb den Vertrag im Juli und musste nun im Hause des Ingenieurzentrums klare Verhältnisse schaffen. Schwierigkeiten befürchtete er dabei nicht, da in dieser Zeit kaum jemand, der gehen wollte, zum Bleiben angehalten wurde, im Gegenteil wurde Ausscheiden zum Teil noch mit Abfindungen belohnt.

Die letzten fachlichen Arbeiten betrafen Projektierungen an den Objekten Neues Pionierschiff, also Umbauten des ehemaligen Schiffes „Condor" zu einem Schiff für die Jugend, und am schwimmenden Kaufhaus Portcenter. Alles war abgeschlossen.

Im August schrieb Grohmann an den Geschäftsführer des Ingenieurzentrums Schiffbau GmbH i. G. und beantragte einen Aufhebungsvertrag zum bestehenden Arbeitsvertrag zum 31. August.

Kurz darauf erhielt er auf einem Briefbogen DIN A5 des IZ – ohne Datum – folgenden Text: „Aufhebungsvertrag

– Im gegenseitigen Einvernehmen wird mit Wirkung vom 31.08.1990 das bestehende Arbeitsverhältnis aufgehoben
– Unterschriften."

Das Kapitel Schiffbau war beendet, ein neues Kapitel konnte beginnen.

Er ging mit Datum 1. September 1990 – noch vor der Wiedervereinigung – vom gescheiterten realen Sozialismus „in den Farben der DDR" in den realen Kapitalismus der Bundesrepublik, vom rauen Ostseestrand im Nordosten in das milde Rheinland-Pfalz im Südwesten, vom Kreis vertrauter Menschen in eine ihm unbekannte Umgebung. Er wollte diesen Weg gehen und ging ihn.